Cocina económica

44 menús anticrisis ricos y sanos

Marina García Alarcón

OBERON
PRÁCTICO

LAS MEJORES RECETAS DE SIEMPRE
44 MENÚS ANTICRISIS RICOS Y SANOS

© EDICIONES ANAYA MULTIMEDIA (GRUPO ANAYA, S.A.), 2012
Juan Ignacio Luca de Tena, 15. 28027 Madrid
Depósito legal: M.9.127-2012
ISBN: 978-84-415-3172-7
Printed in Spain

Índice

Recetas caseras. Menús de primavera-verano 96

Recetas caseras. Menús de otoño-invierno 138

Diez menús diferentes 180

Recuerde… 218

Prólogo

El amor se adapta a todas las formas posibles de expresión. Se deja reconocer, especialmente, en los gestos más simples y cotidianos. El amor se refugia, más aún si cabe, en todo aquello que, por reiterado y sistemático, parece desvestido del color del afecto por su aspecto mecánico y rutinario. El amor, como Dios, escribe derecho en renglones torcidos. Quizá me supere la imagen de mi madre regando de emoción cada sofrito o espolvoreando alegría en cada olla, o acompañando con su mirada intensa de felicidad la voracidad con la que sus hijos hemos agradecido siempre sus obras maestras culinarias. Sin duda esta imagen, que disfruto como un privilegio en la actualidad, la identifico con una de las más intensas y generosas formas del amor. Cada día que mis padres nos han repartido la comida nos han llenado de amor. Sin temor a exagerar, creo que la emoción con la que una persona dedica un tiempo de su única vida a cocinar para nosotros nos alimenta para varias reencarnaciones, si esta posibilidad existe. Por encima de cualquier ingrediente se eleva la calidad humana de la mano que lo prepara; por encima de toda receta, nada como la mirada con que la cocinera o el cocinero imaginan la felicidad de quien la disfruta. Cuando, entre risas y conversaciones, degustamos la más sencilla de las cenas caseras, en realidad nos alimentamos del corazón que la cocinó.

Marina García explica con una sonrisa el valor de la bondad. El sentido de la vida más viva se ajusta como un traje a medida a la melodía de su voz. La realidad más sencilla y certera del sentido de la existencia de la especie humana sobre la Tierra se extiende desde la transparencia con que te mira. Por alguna extraña razón, Marina disfruta de la extraordinaria virtud de reconciliarte con el compás de una manera de existir que consideraste ingenua o irreal un minuto antes de encontrarte con ella. Más allá, te conduce a la convicción de que en el mundo respiran por todas partes muchas personas como ella. Hoy, cuando escribo cada una de estas palabras, sigo convencido de que ella ni siquiera sospecha que alguien en sus cabales la perciba de esta manera. Dudo que se reconozca en una sola de estas letras.

Marina cocina igual que habla, mira o respira. Convierte la más pequeña de las sardinas en la más imponente langosta. Reivindica en cada segundo que ocupa en la radio, en Onda Madrid, a cada madre que compone una sinfonía diaria entre fogones repleta de la majestad milagrosa de la multiplicación de los panes y los peces en los tiempos de la gran cólera de una economía exhausta. Marina anuncia, sin atisbo hertziano de pretenciosidad, que la escasez ha venido a recuperar, ¡qué ironía!, la felicidad de la amistad, la que se reúne en casa al calor de comidas sencillas rellenas a rebosar de afecto, único ingrediente real que facilita vivir en letras mayúsculas cuando casi todo ahora se resume en minúsculas.

Marina García no reconoce como propia la autoridad moral que se esconde detrás de cada receta que comparte en la radio y ahora en este libro. Ni tan siquiera considera de lejos la exactitud de las propuestas. En el mejor de los casos, si logras medio convencerla tras mucho esfuerzo argumental, acepta la identidad orientativa de sus propuestas. Marina cree que antes de esgrimir el cucharón y escudarse tras las cacerolas no se trata de preguntarse qué comida vamos a cocinar, sino por qué, y más por quién, nos vamos a entregar a semejante labor. Marina cocina como ha crecido y tal y como se relaciona con el mundo. Desconozco si sabía quién era Kennedy cuando pidió a los norteamericanos que no se preguntaran qué podía hacer su país por ellos, sino qué podían hacer ellos por su país. Ella ya vivía así, sin frases monumentales, y consideraba a cada persona el mundo en sí mismo. Me aventuro a suponer que, en una buena medida, esta mujer se explica cuando la imaginas con 65 años menos sujetando una cartilla de racionamiento en una eterna cola de la posguerra, capaz de comprender sin palabras el hambre de otro niño y percibirla mayor que la que ella misma soportara. Algunas experiencias o te roban la infancia o te la encastran en la piel para toda la eternidad.

En el País de Nunca Jamás nada parece imposible. Marina García no ha reconocido en su identidad el acta de defunción de Peter Pan. Las hadas no morirán, no porque les reconozca carta de naturaleza, sino porque ella misma forma parte del árbol genealógico de Campanilla. Así vive, así percibe la realidad y así cocina. Sin confundir un beso con un dedal y sin perder la bolsa de las canicas en territorio indio, la comida solo parece una campana sin badajo. La conciencia de la realidad que regala en este libro no la separa ni un milímetro del mejor duelo en cubierta con el capitán Garfio. Tanto, que el mejor capítulo sé que no lo ha escrito. Ha confiado su redacción a la energía mágica y creativa de cada quién; tan alejado de la lectura y la interpretación, como incrustado en una fe irrenunciable en la imaginación y los más altos valores de quien dedique un minuto de su vida a convertirlo en una realidad tangible, en la provocación que reivindique una sonrisa cómplice y agradecida como el tesoro pirata mejor escondido. No existe ingrediente, alimento, receta ni plato en la mesa que se resista al amor con el que se desea ofrecer. No se conoce aún el paladar que no se deshaga cuando saborea semejante abrazo.

Este libro hay que degustarlo desde la sencillez poderosa del único ingrediente que ni se compra ni se vende en el mercado. El que guarda mi madre y todas las madres, cuando te cantan al oído mientras hierve el puchero; el que descubre Marina García cuando en Onda Madrid, entre ingrediente e ingrediente, dedica más palabras a que alguien se sienta menos solo o desolado que a construir una receta. El amor. Cuatro palabras resumen este libro y a Marina García: piensa, cree, sueña y atrévete. Walt Disney solo la copió.

Curro Castillo.
Periodista y sobretodo amigo de Marina.

Ahorrar

en la cocina y en la alimentación.
Cómo superar la crisis económica

La crisis económica de nunca acabar está afectando a casi todos los países del mundo, por lo que leo en los periódicos, escucho en la radio o veo en la televisión. Es verdad que a unos países más y a otros menos.

Me ha parecido interesante reunir ideas para ahorrar y afrontar personalmente cualquier eventualidad negativa que todavía nos pueda traer esta crisis nuestra de cada día. Todos tenemos algún miembro de la familia sin trabajo, hacemos frente a pagos inesperados o nos han reducido el salario. Eso sin contar que si eres pensionista, como yo, vives en una eterna crisis desde hace tanto tiempo que ya ni nos acordamos.

Éstas son algunas ideas muy interesantes para ahorrar en el capítulo de alimentación:

1. Planifica bien las compras. Planifica semanalmente: Elabora un menú para cada día, consúltalo con tu familia y evita las compras improvisadas de alimentos que posteriormente no aproveches al máximo.

2. Consume productos de temporada: Son más baratos y, normalmente, más sanos. Por lo tanto, si planificas menús diarios y equilibrados con productos de temporada, todo te saldrá más barato y será más fresco y saludable.

3. Busca recetas baratas: Hay muchas buenas recetas de platos que salen muy bien de precio y te permiten ajustar el presupuesto al máximo. Las comidas te saldrán tan ricas o mejores que las que, teóricamente, necesitan cocinarse con ingredientes caros. Hay más recetas económicas y muy baratas, que son deliciosas, que exclusivas y subidas de tono.

4. Controla y compara los precios de los alimentos: Cuando las cosas van económicamente bien, relajamos las costumbres y perdemos de vista el valor de un euro. Sin embargo, nunca deberíamos dejar de comparar los precios de los productos de nuestra lista de compra habitual con los de varios establecimientos comerciales. Cuando la necesidad obliga, hay que parar un minuto y calcular el ahorro que conseguimos según donde compremos.

La actual situación nos obliga, más aún, a actuar de esta manera. Casi con toda seguridad, los precios de los alimentos variarán arriba o abajo en función del establecimiento. Conclusión: divide la lista de la compra entre las tiendas que ofrezcan el mejor precio de cada producto.

5. **Esmérate en conservar los alimentos de la manera más correcta:** Congela los alimentos que puedan caducar o no vayan a ser aprovechados por motivos inesperados o fortuitos.

6. **Aprovecha las sobras para hacer nuevos platos:** Existen multitud de recetas para las sobras de las comidas. Si me apuras, algunos de los mejores platos se cocinan con sobras (croquetas, lasañas, canelones, rellenos, migas, ropavieja, etc.). Hay recetas para todas las sobras. Búscalas.

7. **Corrige tus hábitos de comida incorrectos y compulsivos:** Es decir, esfuérzate en mejorar tus hábitos de alimentación "sospechosos" de no ser los más saludables. Ni te imaginas el dineral que te ahorras en la compra y en el médico si te esmeras en comer bien. Por ejemplo, mastica bien y más despacio. Come, no tragues ni engullas. Los alimentos se digieren mejor, se come menos y alimenta más. Evita golosinear fuera de las horas de comida. Es una costumbre fatal para tu organismo, tu forma física y tu bolsillo.

8. **Si analizas bien el gasto en comida reducirás muchos gastos innecesarios:** Te llevarás más de una sorpresa cuando te des cuenta de que gastas mucho dinero en caprichos, excesos y productos innecesarios para llevar una buena alimentación. Si prescindes de ellos ahorrarás mucho y mejorarás tu salud y la de los tuyos.

9. **Exígete llevar la contabilidad:** Esto te ayudará más de lo que imaginas. Te aseguro que te animará muchísimo ver hasta qué punto eres capaz de mejorar tu alimentación y ahorrar dinerito cuando controles los gastos semanales en la compra.

10. **Identifica buenas ofertas:** Consigue una buena información de ofertas, pero no caigas en sus trampas. No compres más de lo que necesitas y no compres cosas realmente innecesarias. Ya hemos hablado de esa cuestión.

11. **Haz un esfuerzo y prescinde de caprichos innecesarios:** Tu disciplina para prescindir de "homenajes" ocasionales innecesarios es fundamental para sacar el máximo provecho a tu planificación económica las comidas con platos variados, originales, ricos y muy asequibles.

12. **Mejora tus artes en la cocina:** Recuerda que, en muchos casos, los alimentos frescos o menos cocinados son más saludables y nutritivos. Con crisis o sin crisis, aprende a cocinar evitando excesos de grasas o técnicas de cocina poco saludables. Al final de todo, se trata sobre todo de tu salud. Defenderla sale muy barato. Lo que sale caro es perderla.

COMER BARATO

Creo que con los tiempos de crisis económica que sufrimos cuantas más ideas y recetas tengamos para comer barato, mejor.

Recetas baratas y buenísimas las hacemos casi todos los días. ¿Quién no come unas lentejas o un puchero? Una vez a la semana, por lo menos, nos apañamos con lo que tenemos por casa. Las mamás eso lo hacemos muy bien. Podemos y debemos comer barato y bueno. El sentido común nos exige cambios en nuestros hábitos y un punto de imaginación.

En todas las casas se notan, y mucho, los problemas económicos que provoca la crisis. Si en casa sois muchos o se vive de una pensionista, qué decir. Personalmente, hace mucho tiempo que empecé a comprar con mentalidad cuidadosa. No me hizo falta esperar a que llegara la crisis. Vivo de una pensión muy pequeña y la necesidad estira la imaginación. La necesidad de supervivencia ayuda a renunciar a lo menos necesario, cuando menos en todo lo que se refiere a la alimentación. Cuando compro los sábados lo consigo todo más barato. Claro, hay que afinar en la selección de los productos que te llevas a casa. Caballa en vez de atún, gallo en vez de lenguados, ternera picada en vez de filetes, pollo entero en vez de pechugas... Incluso, he aprendido a hacer pan y otras masas en vez de comprarlas hechas.

Mis padres se criaron en tiempos de guerra y, a pesar de los apuros que pasaron, mis abuelas lograron hacer milagros para que no pasaran hambre. Cuando yo era pequeña en mi familia no sobraba nada. Había semanas que no comíamos carne y mi madre sudó lo que no está escrito para alimentarnos. Sin embargo, no tengo recuerdo de pasar hambre ni mucho menos. Sí recuerdo muchas patatas, pasta, cremas de verdura, sopas con fideos, pan con manteca...

Quizá sea por los años que tengo ya y, supongo que también, por la experiencia acumulada, pero creo sinceramente que todo es cuestión de aceptar la realidad y ser coherente con la situación que nos toca vivir. Comprar pescado y carne más barato, por supuesto no desperdiciar nada de comida y aprovechar los restos para un caldo, un *risotto*, una ropavieja... y, sobre todo, echarle mucha alegría e imaginación.

Una parte de tu tiempo libre ocúpala en aprender. Si cocinas mejor, seguro que comerás por mucho menos dinero y mucho más sano. El importe de la compra sube una barbaridad por la adquisición de productos de bollería, congelados o platos ya preparados. Casi sin darte cuenta, echa cuentas y lo comprobarás tú mismo: compramos muchos productos ya elaborados, la mayoría. Unas magdalenas, la salsa de tomate, las pizzas, la lasaña, la mayonesa... Pagamos los ingredientes, los envases, el transporte, los márgenes de beneficio del supermercado, los beneficios de la empresa que lo produce, los salarios de los trabajadores… Por todos los productos que compramos pagamos, al menos, cuatro o cinco veces más de los que nos costaría hacerlos en casa. Si, además, cocinamos con buenas recetas, con toda seguridad nos saldrán productos artesanos de un sabor muy casero. Si tienes problemas de dinero, como es mi caso, y deseas comer barato no compres nada que puedas hacer tú en casa. Te gastarás solo una cuarta parte de lo que solías gastar y comerás mucho mejor.

COMER BARATO = APRENDER A COCINAR

Yo soy una niña de la posguerra civil en España. En la época de racionamiento se pasó mucha hambre. La gente de mi edad, y mayores que yo, sabemos que con cinco euros al día se puede comer perfectamente si se administra bien y no se tira nada.

He activado mi memoria y la de otras personas para atreverme a daros algunos consejos para hacer menús baratos. Ensaladas con productos frescos de temporada y frutas de temporada. Guisos tradicionales como las lentejas con verduras, los arroces con verduras y mixtas, con carne de todo tipo. Por supuesto, las judías blancas, habichuelas... Una fabada asturiana quita el hambre para dos días y está exquisita. O recetas para aprovechar restos y que llenan mucho, como unas buenas migas de pan o unas estupendas croquetas.

No tenemos por qué renunciar a las carnes y los pescados. Hay partes de la ternera, el cerdo, las aves que son extraordinarias. Bien aprovechadas en guisos, como el cocido, ofrecen resultados para chuparse los dedos. Un cocido facilita una sopa con fideos, un segundo plato y una ropavieja... Las carnes son baratas. Con los pescados pasa igual. Las sardinas o la caballa son pescados muy saludables y los más baratos.

Las patatas se pueden hacer de mil formas si las guisamos y combinan con todo. Es un alimento energético y saludable. Los huevos todavía tienen un precio razonable. Al igual que con las patatas, hay que encontrar recetas para cocinarlos que den mucho rendimiento.

Con la harina se hacen milagros. Móntate recetas caseras para conseguir deliciosas pizzas o cocas con menos ingredientes encima, tartas caseras, bizcochos, etc. Te aliviarán los desayunos y las meriendas y conseguirás cenas más livianas y saludables.

No tires nada. Unos restos siempre son aprovechables si buscas una receta adecuada. Siempre puedes añadir huevos, hacer una sopa, freír con algo, hacer una salsa, montar una guarnición...

Las recetas tradicionales manchegas, extremeñas, andaluzas, etc., además de estar riquísimas, son, en su mayoría, muy baratas. Conviene recodar un atascaburras o un gazpacho manchego para darse cuenta de que los mejores menús baratos los hacían nuestras abuelas todos los días hace poco más de 50 años.

Seis pasos para una buena planificación del menú

- Cada viernes o sábado confecciona el menú para la semana siguiente.
- Asegúrate de incluir guarniciones saludables o ensaladas sencillas.
- Se hábil con las recetas y combínalas de acuerdo a los gustos de tu familia.
- Confecciona una lista de compra teniendo en cuenta la localización de las distintas tiendas. Fundamental: haz la lista de la compra y no te salgas de ella.
- Mantente dentro del presupuesto del que dispones. No escojas pescados y carnes para la misma semana, supondrán, casi seguro, un gasto extra de dinero.
- Trata de cocinar recetas agradables a la vista y gratas al paladar. Utiliza hierbas aromáticas e ingredientes frescos.

Consigue que tus hijos coman bien

Lograr que los niños coman correctamente es el desafío nuestro de cada día. El mundo en el que vivimos se ha acostumbrado a unos pésimos hábitos alimenticios. Y lo peor: parece que no quiere salir de ellos y muchas veces los justifica. El resultado se ve en los niños, con graves problemas de obesidad y con conflictos, muchas veces insoportables, a la hora de comer.

Los niños necesitan alimentos variados desde sus primeros años de vida. No les hacemos ningún favor cocinando según sus caprichos. Los niños tienen que consumir alimentos frescos y de mucha variedad. Esto creará buenos hábitos alimenticios durante toda su vida.

SEIS MANERAS DE CREAR BUENOS HÁBITOS ALIMENTICIOS EN LOS HIJOS

- Anima a tus hijos a probar una cosa nueva en cada cena. Aguanta sus quejas. Explícaselo con sentido del humor. No les regañes, pero mantente firme. Ellos garantizan su salud y tú te garantizas el cielo.

- Permíteles tomar un tentempié saludable al salir de clase, pero ni un picoteo más hasta la hora de la cena.

- Evita pedir el "menú infantil" si vas a un restaurante. Les creas poco o poco un problema más para quitarte tu uno de encima en ese momento.

- No les impongas demasiadas novedades a la vez. Cada día tiene su afán. Tomates un día y otra cosa otro día. Avanza poco a poco. Treinta días, treinta pocos.

- Deja que te ayuden en la cocina. Se divierten, se sienten útiles e importantes y se comen más fácilmente lo que "han hecho ellos mismos".

- Procura que la hora de la cena sea divertida y un momento para disfrutar de su familia. La comida sana la identificarán con instantes felices.

Comidas simples

Un minuto que te tomes para pensar puede ahorrarte horas. Confecciona tu menú semanal pensando en comidas simples, rápidas, nutritivas y económicas. No es imposible, en absoluto, cumplir con estas condiciones. Todo lo contrario. Cierto que los primeros días parecerá más complicado. Sin embargo, una vez que localices las tiendas o supermercados que ofrecen los mejores precios y te acostumbres a incluir una serie de ingredientes variados que quizás no tenías en cuenta antes, la tarea se convertirá en un juego de niños.

Entre la crisis económica y la eterna "cuesta de eneriembre", el presupuesto para la cesta de la compra, por H o por B, sufre de lo lindo. Esto, sin embargo, no debe repercutir en la calidad de los menús. A la hora de elaborar los menús de la semana hay que tener en cuenta siempre los consejos para ahorrar en la cocina:

- Consume productos de temporada.
- Sustituye las carnes más caras por otras más baratas, como el conejo o el pollo, que además son más saludables.
- El pescado no solo deber ser congelado, sino que podemos optar por las variantes más económicas de la pescadería, como la pescadilla, las sardinas o los boquerones.
- La mayoría de las verduras y hortalizas son muy baratas y permiten combinaciones entre sí que crean platos completos.
- Hay determinadas recetas que generan sobras muy interesantes para usar en la cocina. El pan en sí mismo es un excedente con muchos usos.

Cómo ahorrar dinero
en la compra semanal

Ideas para gastar menos en la cocina

Cuando dependemos de un presupuesto, cada céntimo es fundamental. En tiempos de crisis hay que estirar el dinero. Todos necesitamos comer para sobrevivir y disfrutar de la vida. Pero una buena comida no pasa por el caviar y ostras con champán. Si los alimentos son frescos y sabrosos añaden mucho placer y alegría al presupuesto más ajustado. No echarás de menos ningún producto "exclusivo".

Comprar frutas y verduras de temporada no solo resulta más sano, sino que supone un ahorro muy serio. También reducirás el gasto en la compra con otros trucos:

- **Evita la compra de salsas y aliños:** Con una base de hierbas frescas, aceite de oliva, vinagre, yogur, limón.... se pueden hacer todo tipo de aliños sabrosos y salen mucho más baratos.

- **Visita la carnicería, pescadería o supermercado a última hora, especialmente los sábados:** Tal vez no encuentres el tipo de pescado o corte de carne que más te gusta, pero es un buen momento para experimentar con nuevos ingredientes y muchas tiendas rebajan los precios de sus productos perecederos antes de cerrar.

- **Compra al por mayor los alimentos no perecederos:** Como el tomate en lata, el aceite, le vinagre y la pasta.

- **Aprovecha las ofertas:** Por ejemplo, si ves una caja de tomates muy barata, lo mejor es comprarla y preparar varios botes de salsa de tomate que podemos congelar para utilizar más adelante.

- **Aprende a aprovechar las sobras para hacer sopas, salsas para pasta:** Tirar la comida es tirar el dinero.

- **Aprovecha todas las partes que se pueda de los alimentos:** Los huesos y carcasa de un pollo asado sirven como base para caldo de pollo. Si los hervimos en agua con un par de cebollas, zanahorias, apio y limón tenemos un caldo que sirve para hacer un arroz el día siguiente, un guiso o una sopa.

- **Cultiva algunas hierbas y vegetales en el jardín o en macetas:** Se obtienen alimentos frescos y sabrosos prácticamente con coste cero. Las floristerías venden semillas muy baratas y te explican cómo plantarlas y cuidarlas.

- **Compra productos de las líneas blancas:** Decántate por las marcas blancas en lugar de los de marcas conocidas y mira varios sitios antes de comprar. Comprendo que todos deben defender su negocio y que las firmas más publicitadas se enfadarán cuando lean esto. Estoy segura de que, a su vez, ellos comprenderán que el negocio que nosotros debemos defender pasa por llegar a fin de mes con cierta dignidad y sin hambre.

- **Busca tiendas y estantes con ofertas:** Resulta sencillo encontrar alimentos en perfecto estado pero cerca de la fecha de consumo preferente, por lo que quieren venderlos cuanto antes. Mientras utilicemos el producto pronto, no notaremos la diferencia entre el de oferta y el que no lo está. No existe diferencia. En la mayoría de los casos, la fecha de consumo preferente es en realidad meramente orientativa.

- **Elige recetas baratas:** Selecciona los menús y las tiendas más baratas para comer entre semana que compensen las recetas más caras que, probablemente, te regales los fines de semana.

HAY CENTROS COMERCIALES QUE TE LO PONEN FÁCIL. BUSCA

Con el fin de ponernos las cosas más fáciles a las familias para llegar a fin de mes y no perder la comba competitiva en el mercado, algunos centros comerciales lanzan, cada vez con más frecuencia, lo que dan en llamar menús familiares. Se trata de propuestas para llenar nuestro carro de la compra entre 28 y 40 euros a la semana con la que pueden comer equilibradamente cuatro personas; es decir, por solo un euro al día por persona. Nos exige ser muy estrictos con nuestro orden de compra, pero si no nos abandonamos en medio de cualquier pasillo del mercado, realmente funciona.

El carrito que proponen parece muy variado y completo e incluye carne, pescado, verduras, legumbres, fruta, lácteos, etc. Conviene siempre ponerle una pega y parece que falta algo para el desayuno. Sin embargo, aunque se trata de una selección muy general y despersonalizada, se puede hacer una cantidad muy variada de platos.

Tienes que ir a comprar y te propones gastarte solo 40 euros. Éste es el reto. En muchos casos, una realidad inapelable en el caso más generoso.

Vas a un gran centro comercial porque tienes que desplazarte, por otros motivos, al municipio donde está ubicado. En caso contrario, no te valdría la pena, ya que tendrías que hacer, más o menos, 60 kilómetros y lo que te ahorras por un lado te lo gastas por otro.

Como la cantidad que te vas a gastar no es para tirar cohetes tienes que ir buscando la mejor oferta y pensar la mejor variación posible a la hora de hacer la comida o la cena. Necesitas algo de carne, pescado, leche y algo para desayunar, verdura, huevos, aceite, pan y gasolina.

- **Carne:** Encuentras una oferta bastante buena. Si compras un kilo de filetes de ternera te regalan un pollo, pero en tu casa prefieren más bien carnes blancas. Eliges entonces comprar pollo, su precio ronda los 2,50 euros el kilo, pero si te llevas dos pollos te sale más barato. Como te sobrará, pica del pollo asado algo de pechuga y con el esqueleto haces caldo para una sopa. Con lo que te has ahorrado compras un paquete de filetes de pollo empanado y otro de sanjacobos para cenar cualquier noche. En total, no llega a los 8 euros.

- **Pescado:** Como sois cuatro en casa y no te puedes gastar mucho, eliges las truchas. Cuestan 1 euro la unidad y compras también una bolsa de pescadito congelado, que no tiene merma, se comen enteros y a los niños les encanta. Un paquete de latas de atún, ya sea para hacer tortillas o ensaladas, te soluciona otra cena de la semana. En total, no llega a los 9 euros.

- **Leche y desayuno:** Solo compras un paquete de leche, en total seis litros. Eliges la marca blanca por su precio. Para el desayuno, una caja de galletas y una bolsa de sobaos. Cuando compras bollería prefieres que esté cada uno en su bolsita. En este caso, los sobaos te solucionan el tema del recreo de los niños. En total, 5 euros.

- **Verdura:** Eliges la congelada. En este caso, ensaladilla de verduras. Preparada en caliente, rehogada con ajo y mayonesa está riquísima. Si la haces en frío, solo necesitarás dos huevos cocidos, atún y mayonesa y te sale una ensaladilla rusa muy apañadita. En total, contando que aquí metes una docena de huevos y la mayonesa la hace uno mismo, 2 euros.

- **Aceite:** De nuevo te salva la marca blanca, dos botellas de aceite de girasol y una de aceite de oliva suave me cuestan 4 euros. El de girasol es el mejor para hacer las mayonesas y el de oliva para cocinar y para aliñar ensaladas.

- **Pan:** Optas por la típica barra. Además de por el precio, es un pan que, al descongelarse, queda igual que si fuera reciente. Cinco unidades por 2 euros.

- **Carburante:** Me quedan justo 10 euros. Si tienes la fortuna de que te lo venden con descuento (hay casos), te sobran 80 céntimos, lo que cuestan dos barras de pan.

A la hora de pagar siempre pasas lo primero un artículo; así, si me sale algún descuento, lo puedo utilizar en el resto de la compra. En las dos te salen descuentos similares para utilizar en futuras compras: un descuento de un 25 por 100 en alimento seco para gatos, un 20 por 100 en artículos para gatos y un 15 por 100 para detergentes y suavizantes. En este caso tienes suerte, si convives con gatos y tienes mucha ropa en casa.

En resumen, como veis, ha cundido el dinero. Parece una tontería, pero ir contando en euros lo que vas echando al carro te sirve de mucho. Quizás tardes más en hacer la compra, se dan más vueltas buscando lo más económico, pero por el ahorro merece la pena.

Los menús de la abuela, los guisos, unas legumbres y productos de la huerta muy saludables para cada día con las técnicas de la cocina moderna y teniendo en mente el estilo de vida de hoy:

- Para empezar: *Utiliza dos o tres de aceites de oliva de extraordinaria calidad de diferentes orígenes (Jaén, Cataluña...) con diferentes clases de pan calientes o un buen pan ligeramente tostado. No hay nada más sencillo y exquisito. Resulta muy sencillo encontrar información sobre cómo hacer pan casero.*

- Primeros platos: *Si es verano, un primer plato de gazpacho o una ensalada tradicional es lo mejor. Si es invierno, es mejor elegir una sopa o una crema. Si se va hacer ejercicio también es buena costumbre compartir un plato de embutidos y quesos españoles. Otra opción es una tortilla de patatas. Pero si, posteriormente, se va a comer un segundo plato de carne o pescado, una estupenda sugerencia es elegir un plato de comida tradicional vegetariana de toda la vida.*

- Segundos platos: *Aparte de las opciones de paellas, carnes o pescados, cabe recomendar uno de nuestros ricos guisos de siempre. La cocina española es tan rica que podría elegirse un guiso diferente para cada día del año. Lentejas cocido, fabada, fabes con almejas... Muchos de estos guisos están mejor el segundo día o el tercero.*

- Postres: *Tras una comida así, lo mejor sería aconsejar un poco de fruta de temporada. Pero si es un día especial... Quizás algo sencillo: ¿un flan casero? ¿Unas torrijas? ¿Miel sobre hojuelas manchegas? ¿Una crema catalana? No te costará encontrar recetas de postres caseros.*

La cocina casera y tradicional sana aplicaba con sabiduría la pirámide alimenticia. Los productos frescos del campo, las cereales y legumbres, tenían un elevado peso en la dieta alimenticia. Las grasas eran eliminadas a través de una actividad física muy superior a la de nuestros días. Por esta razón, si optas por consumir menús caseros, hoy en día hay que seguir las siguientes reglas:

- *Modera las cantidades de guisos con legumbres y otros ingredientes grasos. Es mejor comer "pruebas": pequeños platos.*

- *Pondera en mayor medida los vegetales y verduras dentro de los menús.*

Calendario de frutas y verduras de temporada mes a mes

Aunque la conservación de los alimentos ya no es problema gracias a la congelación o a las cámaras frigoríficas, el consumo de estos productos en su estación tiene muchas ventajas: menor precio, mejor calidad, el consumo se hace cuando están más frescas y se le saca el mayor partido a sus propiedades (vitaminas). Te recomiendo, pues, verduras y frutas de temporada, aprovechando precios más bajos, mayor variedad y la posibilidad de que en el mercado se encuentren las hortalizas y los vegetales en mejor estado, con mayor valor nutritivo.

En tu verdulería o frutería habitual sus empleados te podrán asesorar e irás conociendo más cosas que seguro le interesarán.

La postcosecha de algunos productos es muy buena. En muchos alimentos, las modernas técnicas de cultivo te permiten disponer de ellos con excelentes calidades durante toda estación a lo largo del año. En otros casos, es obra de la conservación, por ejemplo, las naranjas.

También debes tener en cuenta que cada vez importamos más alimentos de países como Argentina, Brasil, Chile o países africanos, donde las estaciones son diferentes y, cuando aquí es verano, allí es invierno y viceversa.

Esta guía, en todo caso, tiene únicamente carácter orientativo.

Enero

En pleno invierno y tras las fiestas navideñas, las frutas y verduras constituyen un excelente método de desintoxicación del cuerpo después de los excesos normales de estas fechas. Es buena temporada para los canónigos, las endibias, el hinojo, los puerros... En las frutas tenemos excelentes naranjas, pomelos, limones, mandarinas (últimas de temporada), los mejores cítricos para buenos propósitos de año que comienza, sin olvidar las peras de agua. Las chirimoyas están en un excelente momento. Hay que sacar partido a la uva alicantina de Aledo, que ya no tendremos el próximo mes, con propiedades muy benéficas para la salud.

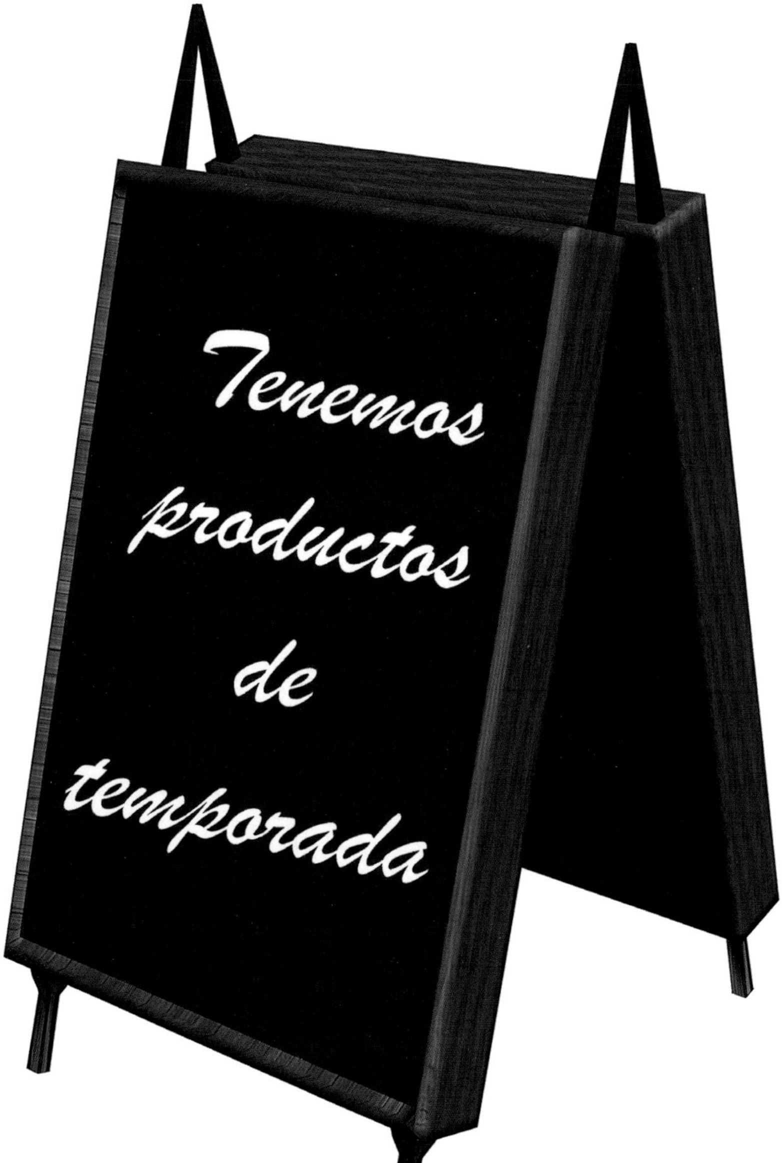
Tenemos
productos
de
temporada

- Lista verdulería:

Acelgas	Alcachofas	Apio
Berros	Calabazas	Canónigos
Cardos	Cebollas	Coles de Bruselas
Coliflor	Endibias	Escarola
Espinacas	Lechugas	Lombarda
Nabos	Puerros	Remolachas
Repollo	Zanahorias	

- Lista frutería:

Aguacates	Castañas	Chirimoyas
Limones	Kiwis	Mandarinas
Manzanas	Naranjas	Peras (de agua, amarillas...)
Piña	Pomelos	Uva (de Aledo)

- Buen mes para la langosta, las almejas, el besugo.
- De carnes, el pollo capón.

FEBRERO

En frutas, es buen momento para la manzana reineta y el pomelo. Además, aparece todo el año el aguacate, ideal para ensaladas y rico en vitamina C y E. Tenemos que aprovecharnos de las habas y los guisantes tiernos. Durante febrero encontraremos buenos ajos tiernos, achicoria y chirivías. También tendremos grelos y espinacas frescas que podemos integrar en platos cocinados y ensaladas. Debemos aprovecharnos de las endibias y de otros muchos ingredientes que nos permitirán excelentes recetas.

- Lista verdulería:

Acelgas	Achicoria	Ajos tiernos
Alcachofas	Apio	Calabaza

Cardo	Cebolla	Cebolletas
Coles de Bruselas	Coliflor	Chirivías
Endibias	Escarola	Espinacas
Grelos	Guisantes	Habas
Judías verdes	Lechugas	Lombarda
Nabos	Puerros	Remolachas
Repollo	Zanahorias	

- Lista frutería:

Aguacates	Castañas	Chirimoyas
Fresón (de Palos)	Limones	Kiwis
Manzanas (especialmente reineta)	Naranjas	Peras (de agua, amarillas...)
Piña	Plátanos	Pomelos

- Otros alimentos: En pescado, buen momento para el besugo, los berberechos, las vieiras.

Marzo

Mes de transición entre el invierno y primavera. Hay que aprovechar que todavía tenemos endibias, coliflor, coles de Bruselas, lombarda, que ya dejarán de tener su época en el mes próximo. En frutas, tenemos ya la estación de fresas y fresones de temporada, aunque en los mercados las encontremos, desde hace algunos años, mucho antes. También tenemos que darle la bienvenida a los tomates, entre ellos al tomate raf de la vega almeriense.

- Lista verdulería:

Acelgas	Alcachofas	Apio
Calabaza	Cebolla	Cebolletas
Coles de Bruselas	Coliflor	Endibias
Espárragos trigueros	Guisantes	Habas
Judías verdes	Lechugas	Lombarda
Nabos	Pimientos verdes	Puerros
Remolachas	Repollo	Tomates
Zanahorias		

- Lista frutería:

Aguacates	Fresas	Fresones
Limones	Kiwis	Manzanas
Naranjas	Peras (de agua, amarillas...)	Piña
Plátanos	Pomelo	

Abril

Entramos ya en temporada de primavera y pueden encontrarse los primeros espárragos en los mercados. En general, los productos de mercado estacionales son muy similares a los del mes anterior. Los frutales siguen siendo los mismos y las hortalizas también. No obstante, hay que aprovecharse de que tenemos en las estanterías algunos productos: repollo, coles de Bruselas, coliflor, endibias, espárragos trigueros...

- Lista verdulería:

Acelgas	Alcachofas	Apio
Calabaza	Cebollas	Cebolletas
Coles de Bruselas	Coliflor	Endibias
Espárragos trigueros	Espárragos	Espinacas
Guisantes	Habas	Judías verdes
Lechugas	Nabos	Pimientos verdes
Puerros	Remolacha	Repollo
Tomates	Zanahorias	

- Lista frutería:

Aguacates	Fresas	Fresones
Limones	Kiwis	Manzanas
Naranjas	Peras (de agua, amarillas...)	Piña
Plátanos	Pomelos	

Mayo

Tenemos setas y el verano nos da ya algunos anticipos: las berenjenas, excelentes judías verdes en temporada durante primavera y verano... Pero donde más lo notamos es en la fruta. Tendremos los primeros productos de una amplia variedad ligada a las buenas temperaturas: nísperos, albaricoques, ciruelas, cereza, sandía, melocotón (nectarinas), grosella, frambuesas, brevas... Hay que aprovechar, porque le diremos adiós el mes que viene a un gran número de verduras: alcachofas, apio, espinacas, calabacines, guisantes, habas, nabos, pimientos verdes y setas. También es el último mes para los cítricos: limones, naranjas y pomelos.

- Lista verdulería:

Acelgas	Alcachofas	Apio
Berenjenas	Calabaza	Calabacín
Cebollas	Cebolletas	Espárragos
Espinacas	Guisantes	Habas
Judías verdes	Lechugas	Nabos
Pimientos verdes	Puerros	Remolacha
Setas	Tomates	Zanahorias

- Lista frutería:

Aguacates	Albaricoques	Brevas
Cerezas	Ciruelas	Grosellas
Frambuesas	Fresas	Fresones
Limones	Kiwis	Manzanas
Melocotones	Naranjas	Nísperos
Peras amarillas y de agua	Piña	Plátanos
	Pomelos	Sandía

Junio

A las puertas del verano le damos la bienvenida al ligero, refrescante y apetecible pepino y a los calabacines. Las frutas del verano están en un buen momento. Ya es posible encontrar los primeros melones. Su temporada es de junio a septiembre, aunque podamos encontrar esta fruta todo el año. Los melones se unen a las sandías y las restantes están en su apogeo y esplendor. Pero debemos apresurarnos en consumir albaricoques, nísperos, grosellas, cerezas, frambuesas, fresas y fresones, dado que el mes que viene ya será difícil tenerlos en su estación.

- **Lista verdulería:**

Acelgas	Berenjenas	Calabaza
Calabacines	Cebollas	Judías verdes
Lechugas	Pepinos	Puerros
Repollo	Remolacha	Tomates
Zanahorias		

- **Lista frutería:**

Aguacate	Albaricoque	Brevas
Cereza	Ciruela	Grosella
Frambuesa	Fresa	Fresón
Kiwi	Manzana	Melocotón
Melón	Nísperos	Pera amarilla
Piña	Plátano	Sandía

Julio

En verano tenemos lechugas, pepinos, tomates... ingredientes de nuestro gazpacho. Con el calor, la sandía y melón están en su mejor momento, son hidratantes y con propiedades para combatir el riesgo de deshidratación. También vamos teniendo acceso a los higos y nuevamente a la prodigiosa uva. La naturaleza es sabia y durante el verano nos proporciona frutas y hortalizas muy ricas en agua y en antioxidantes que nos ayudan a luchar contra le envejecimiento y son aliados contra determinadas enfermedades como el cáncer.

- Lista verdulería:

Acelgas	Berenjenas	Calabaza
Calabacines	Cebollas	Judías verdes
Lechugas (especialmente "cogollos")	Pepinos (ideal por su alto contenido en agua)	Pimientos verdes
Puerros	Remolacha	Tomates
Zanahorias		

- Lista frutería:

Aguacate	Ciruelas	Higos
Kiwi	Manzana	Melocotón
Melón	Nectarina	
Pera amarilla y de San Juan	Piña	Plátano
Sandía	Uvas	

- Pescados en su mejor momento: Anchoa, boquerón, sardina y bonito.

Agosto

Seguimos con buenas frutas de verano: melocotones, ciruelas melones dulces y sandías. Las manzanas, la piña, presentes durante todo el año, son también una buena opción para disfrutarlas en verano de multitud de formas. Será el fin de la estación del pepino... todavía un buen mes para nuestro gazpacho. También debemos aprovecharnos de las sandías.

- Lista verdulería:

Acelga	Berenjena*	Berro*
Calabaza	Calabacín	Cebolla
Cebolla roja*	Judía verde	Lechuga
Pepino	Patatas nuevas*	Pimiento verde
Puerro	Remolacha	Tomates
Zanahorias		

- Lista frutería:

Aguacate	Ciruela	Higos
Kiwi	Mango	Manzana
Melocotón	Melón	Pera amarilla y de agua*
Piña	Plátano	Sandía*
Uva		

- Si va al mercado: Los pescados de temporada son sepia, dorada, emperador y chipirón.

* El asterisco en las frutas y verduras indica que es especialmente su época.

Septiembre

Este mes viene ser una transición entre verano y otoño. Las verduras siguen siendo predominantemente las que teníamos en agosto. Debemos aprovecharnos de los últimos melocotones. Hacia finales de septiembre ya es posible encontrar los cultivos de la nueva estación. Los cítricos existentes proceden de la importación.

- Lista verdulería:

Acelga	Berenjena	Calabaza
Calabacín	Cebolla	Judía verde
Lechuga	Pepino	Pimiento verde
Pimientos rojos	Puerro	Remolacha
Tomates	Zanahorias	

- Lista frutería:

Aguacate	Ciruela	Higos
Kiwi	Limón	Manzana
Melocotón	Melón	Naranja
Pera amarilla y de agua	Piña	Plátano
Pomelo	Uva	

Octubre

Con el otoño volvemos a recobrar multitud de verduras: endibias, alcachofas, apio, coliflor, espinacas, lombarda, pimientos rojos, repollo... Tenemos los membrillos. También llegan las chirimoyas. Un buen mes para la fruta y la verdura en el que "estirando" y con las modernas técnicas de producción es posible encontrar de casi todo. Debemos aprovechar las últimas ciruelas, maduras y muy buenas. Empiezan las mandarinas. Recuerde: hay que estar atento al inicio de la temporada de setas de otoño en las zonas más húmedas, conforme nos adentremos en el mes y dependiendo de la climatología del año.

- Lista verdulería:

Acelga	Berenjena	Calabaza
Calabacín	Cebolla	Judía verde
Lechuga	Pepino	Pimiento verde
Pimientos rojos	Puerro	Remolacha
Tomates	Zanahorias	

- Lista frutería:

Aguacate	Ciruela	Higos
Kiwi	Limón	Manzana
Melocotón	Melón	Naranja
Pera amarilla y de agua	Piña	Plátano
Pomelo	Uva	

- Si va al mercado recuerde el pescado y marisco de temporada: percebes, cangrejos de río, vieiras...

NOVIEMBRE

Este mes es un paraíso para las verduras, la lista es la más amplia de todo el año. Es el reino de la las setas y empiezan las trufas. A los que ya hicieron su aparición en el mes de octubre, se suman los cardos, coles de Bruselas, endibias, escarola, grelos, nabos. Las acelgas, setas, calabazas, el boniato, la cebolla, las patatas están en un buen momento. Una buena época del año para disfrutar de las verduras y compensar algunos excesos con otros platos de esta estación. También tenemos una excelente uva, saludamos a las mandarinas y empieza una buena temporada para los cítricos en general. Hay que aprovechar los últimos melones de la estación y las setas (níscalos).

- Lista verdulería:

Alcachofas	Acelgas	Apio
Berenjenas	Boniato	Calabaza
Cardos	Cebollas	Coles de Bruselas
Coliflor	Endibias	Escarola
Espinacas	Grelos	Lechugas
Lombarda	Nabos	Patata
Pimientos verdes	Pimientos rojos	Puerros
Remolacha	Repollo	Setas - Níscalos
Tomates	Zanahorias	

- Lista frutería:

Aguacates	Castañas	Chirimoyas
Caquis	Kiwis	Limones
Mandarinas	Mango	Manzanas
Membrillos	Melón	Naranjas
Pera amarilla y de agua	Piñas	Plátanos
Pomelos	Uvas	

- Pescados del mes de noviembre: Besugo, merluza, salmón y boquerón.
- Carnes: De caza.

Diciembre

Sigue siendo una buena época del año para las verdulerías. En el mercado ya no encontramos setas ni pimientos verdes y es el peor tiempo para los tomates de estación. Pero nuestra lista de hortalizas sigue siendo tan extensa como la del mes anterior. Muy buen mes para la escarola, el brécol y el apio. Los cítricos, en general, también están en un buen momento e ideales para tomar contra los resfriados. También el plátano y las granadas y los frutos secos de cosecha (almendras, nueces, castañas...).

- Lista verdulería:

Alcachofas	Acelgas	Apio
Brécol o brócoli	Calabaza	Cardo
Cebollas	Coles de Bruselas	Coliflor
Endibias	Escarola	Espinacas
Grelos	Lechugas	Lombarda
Nabos	Pimientos rojos	Puerros
Remolacha	Repollo	Zanahorias

- Lista frutería:

Aguacates	Almendras	Castañas
Chirimoyas	Granadas	Limones
Limas	Mandarinas	Manzanas
Naranjas	Nueces	Pera amarilla y de agua
Piña	Plátanos	Pomelos
Uvas		

- Buen mes para el marisco, si no fuera por los precios que sufren en navidades.
- Carne de pavo y faisán.

Dieta

mediterránea
Menús de primavera-verano

ENSALADA DE PATATAS

PRECIO
2,20 €

INGREDIENTES PARA 4 PERSONAS

- 4 patatas
- 1 tomate
- 1/2 cebolla
- 1 pimiento verde
- 1 lata de aceitunas
- 1 lata pequeña de maíz
- 2 huevos cocidos

- 1 diente de ajo
- 10 cucharadas de aceite de oliva
- 5 cucharadas de vinagre
- Sal
- Perejil

ELABORACIÓN

Vamos a empezar pelando las patatas. Mientras, ponemos a calentar agua con sal. Cuando el agua esté caliente, metemos las patatas hasta que se cuezan (el tiempo de cocción dependerá del tamaño de las patatas; lo mejor es pinchar con un tenedor e ir comprobando). Luego, las partimos en dados.

Ahora vamos con la vinagreta. Echamos el ajo y el perejil en el mortero y los machacamos. Luego, añadimos el aceite, el vinagre y una pizca de sal. Removemos bien para que quede una mezcla homogénea y se la echamos a las patatas.

Vamos a cortar en trocitos la cebolla, el tomate, el pimiento y los huevos cocidos. Lo mezclamos todo y lo añadimos a las patatas. Para terminar, añadimos las aceitunas y el maíz y removemos para que se mezcle todo... y ¡al frigorífico! Se come bien fresquita.

CORDERO A LA PLANCHA

PRECIO
10,15 €

INGREDIENTES PARA 4 PERSONAS

- 16 chuletas de cordero
- Aceite de oliva
- Zumo de limón

- Sal
- Pimienta
- Picadillo de ajo y perejil

ELABORACIÓN

Echamos zumo de limón en los dos lados de las chuletas. Hacemos luego lo mismo con la sal y la pimienta. Luego, encendemos la plancha y echamos el aceite de oliva, extendiéndolo por toda la superficie. Cuando coja temperatura, colocamos las chuletas en la plancha y las dejamos hasta que se doren, pero no se quemen.

Justo antes de retirar las chuletas de la plancha, espolvoreamos con el picadillo de ajo y perejil y servimos enseguida, para que no se enfríen. El cordero a la plancha se puede acompañar con una ensalada, tomates asados, pimientos asados, patatas asadas o fritas, etc.

MELOCOTÓN CON ALMÍBAR CASERO

PRECIO
2,30 €

INGREDIENTES PARA 4 PERSONAS

- 4 melocotones
- 1 vaso de azúcar blanca

- 1 vaso de agua

ELABORACIÓN

Ponemos a calentar un cazo con la misma cantidad de agua que de azúcar y lo dejamos a fuego lento hasta que se disuelva el azúcar. Luego, subimos la temperatura para que cueza la mezcla. Pelamos los melocotones, los lavamos bien y los cortamos en trocitos. Volcamos el melocotón en un bol y lo cubrimos con el almíbar. Lo metemos en la nevera hasta el día siguiente para que macere bien.

Espaguetis napolitana

PRECIO
1,60 €

Ingredientes para 4 personas

- 300 g de espaguetis
- 500 g de tomate natural triturado
- Queso parmesano rallado
- 50 g de aceitunas negras
- 1 cucharada de alcaparras

- 1 cucharadita de orégano (fresco)
- 3 cucharaditas de aceite de oliva
- 2 dientes de ajo
- Sal
- Pimienta molida

Elaboración

Mientras ponemos a calentar el aceite en la sartén, picamos los ajos. Cuando el aceite esté caliente, echamos los ajos a la sartén y los dejamos hasta que se doren. Luego añadimos el tomate y mezclamos con los ajos. Lo dejamos todo a fuego lento unos 30 minutos. No debemos olvidarnos de remover de vez en cuando. Mientras, cortamos las aceitunas en rodajitas y picamos las alcaparras. Cuando la salsa esté lista, añadimos las aceitunas, el orégano y las alcaparras y lo mezclamos todo. Añade sal y pimienta a tu gusto.

Mientras la salsa está al fuego, ponemos a cocer los espaguetis en abundante agua y sal. El agua debe estar hirviendo y el fuego bien caliente. Déjalos hasta que estén *al dente*. Cuando estén listos, los escurrimos y los ponemos en una fuente de servir. Luego, añadimos la salsa, lo mezclamos todo bien y, por último, espolvoreamos con el queso parmesano rallado. Los serviremos inmediatamente.

Pollo al horno con berenjenas

PRECIO
7,35 €

Ingredientes para 4 personas

- 1 pollo cortado en cuatro cuartos
- 4 berenjenas
- 1 vaso de vino blanco y 1 de agua

- 4 dientes de ajo
- Piñones
- Aceite, sal, pimienta y perejil

Elaboración

Partimos las berenjenas por la mitad y las ponemos a remojo en agua con sal. Las dejamos así 30 minutos. Luego, las lavamos bien y, con la punta de un cuchillo, hacemos unas rajitas en su superficie y las añadimos a una cazuela de barro donde hemos echado los cuartos de pollo salpimentado. Pelamos los ajos, los cortamos en trocitos y los echamos por encima de nuestro plato junto con los piñones y el perejil. Añadimos ahora el vaso de vino, el vaso de agua y le echamos un buen chorro de aceite por encima. Metemos la cazuela de barro en el horno, que habremos precalentado a 250 grados y esperamos a que el pollo esté bien doradito y las berenjenas tiernas. Servimos de inmediato y lo acompañamos de una buena ensalada.

Melón con miel y canela

PRECIO
1,60 €

Ingredientes para 4 personas

- 2 cucharadas de miel
- Media cucharada de canela

- Medio melón
- Tres vasos de agua

Elaboración

Ponemos una cazuela a calentar con tres vasos de agua, dos cucharadas de miel y media de canela. Dejamos que hierva hasta que tengamos un jarabe. Cortamos cuatro rodajas de melón y quitamos la piel. Cortamos la carne en trozos medianos y lo bañamos con el jarabe aún caliente. Lo metemos un par de horas en la nevera antes de servir.

ENSALADA CON GARBANZOS Y HUEVO DURO

PRECIO
2,25 €

INGREDIENTES PARA 4 PERSONAS

- 500 g de garbanzos (cocidos)
- 2 huevos duros
- 2 tomates maduros
- 1 cebolleta
- 1 ramillete de albahaca fresca
- 1 cucharada de vinagre de Jerez
- 2 cucharadas de salsa de soja
- 6 cucharadas de aceite de oliva virgen

ELABORACIÓN

Vamos a necesitar que los garbanzos estén templados. Así que, si estuviesen muy fríos, los ponemos en una ensaladera y los metemos 2-3 minutos en el microondas. Luego, pelamos y picamos los huevos duros. Los tomates, la cebolleta y la albahaca también habrá que picarlos. Luego, lo añadimos todo a los garbanzos.

Por otro lado, vamos a preparar la salsa. Mezclamos el aceite, el vinagre y la salsa de soja en una taza y lo echamos por encima a nuestra ensalada. Damos un toque ornamental con los huevos.

Sepia con refrito al limón

PRECIO 6,75 €

Ingredientes para 4 personas

- 2 sepias para la plancha
- Puntas de espárragos trigueros
- 16 tomates cherry
- 2 dientes de ajo
- 1 limón
- Aceite de oliva, sal y perejil

Elaboración

Limpiamos las sepias y las cortamos en dos mitades a lo largo. Luego, cogemos un cuchillo y vamos haciendo marcas por el lado exterior. Vamos a dibujar una malla, cortando primero líneas paralelas en una dirección y luego en la otra. Colocamos la sepia en la plancha con el lado de los cortes hacia abajo. Luego, le daremos la vuelta. Cuando esté lista, le damos el punto de sal. Vamos a hacer el sofrito. Echamos en una sartén el aceite, el ajo, que habremos cortado en taquitos muy pequeños. Cuando esté dorado, retiramos la sartén del fuego y echamos el zumo de limón y el perejil, que también habremos picado. Con este refrito de ajo, limón y perejil aliñaremos la sepia cuando la vayamos a servir. Las puntas de los espárragos y los tomatitos los pasaremos por la plancha y los sazonaremos con una pizca de sal. Presentaremos el plato con los espárragos y tomates acompañando a la sepia.

Cerezas con yogurt y muesli

PRECIO 3,90€

Ingredientes para 4 personas

- 4 yogures griegos
- 400 g de cerezas
- 100 g de muesli

Elaboración

Lavamos bien las cerezas y las cortamos por la mitad para quitarles el hueso. Las pasamos por una trituradora para hacer un puré. Volcamos los yogures en un bol y mezclamos con el puré de cereza. Añadimos el muesli, removemos y servimos.

CREMA FRÍA DE MELÓN

PRECIO
2,30 €

INGREDIENTES PARA 4 PERSONAS

- 1 melón
- Virutas de jamón
- 1 yogur natural desnatado
- 1 limón
- 2 ramitas de menta fresca
- 2 cucharadas de azúcar
- 4 cucharadas de aceite de oliva
- Sal y pimienta molida

ELABORACIÓN

Partimos el melón por la mitad y retiramos las pepitas. Le quitamos también la corteza y lo cortamos en trocitos. Metemos todos estos trocitos en un cuenco grande y añadimos el yogur. Lo pasamos por la batidora hasta que quede una crema fina, sin grumos. Cortamos el limón por la mitad y lo exprimimos. Como solo queremos el zumo, lo colaremos para eliminar la pulpa. Por otro lado, lavamos la menta, la secamos y la picamos en trocitos muy finos. Añadimos al cuenco con nuestra crema de melón el zumo de limón y las dos ramitas de menta picada, y volvemos a pasar por la batidora. Para terminar, añadimos una pizca de sal, pimienta y el azúcar, y volvemos a batir con nuestra batidora. Mientras lo hacemos, vamos añadiendo el aceite.

Hasta que llegue el momento de servir, guardamos la sopa en el frigorífico, protegiéndola con un film transparente. Presentar con unas virutas de jamón y unas hojitas de menta por encima.

Ternera a la plancha

PRECIO
6,50 €

Ingredientes para 4 personas

- 800 g de ternera elegida
- 1 cebolla
- Aceite
- Sal

Elaboración

Solomillo, lomo bajo o alto, tapa y contratapa, babilla y cadera, son partes de la ternera que pueden utilizarse para el clásico filete a plancha, uno de los platos rápidos y fáciles de hacer, depende de la pieza que elija precio puede variar un poco.

Yo siempre preparo los filetes una hora antes de cocinarlos, untándolos ligeramente con un poco de aceite de oliva. Podemos incrementar su sabor dejando macerar los filetes con unas rodajas de cebolla (picamos la cebolla en trozos grandes y la colocamos en la misma fuente o plato donde hemos puesto los filetes untados en aceite de oliva y mezclamos).

Encendemos la sartén (que sea antiadherente) o la plancha unos ocho minutos antes de empezar a cocinar. Colocamos los filetes en la plancha y los dejamos que se vayan haciendo, pero no más de 4 minutos por cada cara. Más que en el reloj, yo me fijo en el punto de la carne, para que quede al gusto de los comensales.

Cuando se termine de hacer cada una de sus caras, añadimos un poco de sal.

No todos los bistecs se preparan igual. Si la plancha está muy caliente, creará una corteza en la carne e impedirá que se haga por dentro. Por eso, cuanto más gruesa sea la carne, menos calor deberemos aplicar a la plancha durante la cocción. Si nos gusta el bistec muy hecho en el exterior, habrá que dar un calentón fuerte a la plancha para tostar el exterior del bistec y bajar luego su temperatura para que lo haga por dentro.

Los puntos de la carne a la plancha son:

- **Poco hecha:** Blanda y jugosa. No recupera su forma cuando la presionamos. Presenta jugos rojos.
- **Poco-medio hecha:** La carne es firme y empieza a recuperar la forma cuando dejamos de presionarla. Aparecen jugos de color rojo en la superficie.
- **Medio-bien hecha:** La carne resulta dura al tacto y recupera su forma cuando dejamos de hacer presión. El color de sus jugos está entre el rosa y el marrón.
- **Muy hecha:** La carne muy hecha es dura. Sus jugos son marrones.

El filete de ternera se suele acompañar con patatas fritas, verdura, ensalada, pimientos fritos...

Mousse de yogur

PRECIO
2,30 €

Ingredientes para 4 personas

- 200 ml de nata para montar
- 30 g de azúcar glasé
- 250 g de yogur
- 7 g de gelatina en polvo
- Mermelada de cerezas y fresas
- Chocolate del 70 por 100 para rallar
- 50 ml de agua

Elaboración

Vamos a empezar nuestro *mousse* preparando la gelatina. Colocamos la gelatina en polvo en un vaso de agua y la dejamos 5 minutos.

Mientras, montamos la nata. Cuando esté casi montada, añadimos el azúcar glasé.

Batimos el yogur en un bol hasta que nos quede una mezcla homogénea, sin grumos.

Ahora, calentamos la gelatina en el microondas unos segundos, hasta que la veamos líquida. Añadimos el yogur y lo mezclamos todo bien. Añadimos la nata montada a la mezcla. Pero lo vamos a hacer en dos veces, con movimientos suaves, de abajo hacia arriba. Queremos que coja volumen.

Vamos a preparar los recipientes donde los serviremos. Empezamos colocando un poco de mermelada de cereza y fresas en el fondo, luego vertemos la mezcla que hemos preparado y lo metemos todo en el frigorífico para que se enfríe.

Antes de servir, espolvorearemos un poco de chocolate (70 por 100 de pureza) que habremos rallado previamente.

ENSALADA DE LENTEJAS

PRECIO
1,80 €

INGREDIENTES PARA 4 PERSONAS

- 1/4 taza de lentejas
- 1/2 huevo
- 100 g de tomates cherry
- 1/4 de pimiento verde
- 1 zanahoria pequeña
- Zumo de 1/2 limón
- 1 cucharadita de aceite de oliva
- Sal, perejil y orégano

ELABORACIÓN

Ponemos a hervir las lentejas hasta que queden tiernas. Luego, las dejamos enfriar.

Mientras hierven las lentejas, lavamos el pimiento verde, retiramos las semillas y lo cortamos en taquitos. Lavamos la zanahoria y la rallamos. Lavamos los tomates cherry y los cortamos por la mitad (o los dejamos enteros, como más nos guste). Hervimos un huevo y lo cortamos por la mitad, porque solo utilizaremos una mitad.

Ahora mezclamos todos los ingredientes en una ensaladera, añadimos el zumo de medio limón recién exprimido y echamos el aceite de oliva. También podemos añadir un poco de perejil picadito, orégano (fresco) y algo de sal. Este plato lo debemos consumir cuanto antes para que no pierda sus propiedades.

Pollo a la cerveza

PRECIO
5,20 €

Ingredientes para 4 personas

- 1 pollo en trozos medianos
- 2 cebollas grandes
- 1 lata de cerveza
- Un chorro de coñac
- Aceite
- Sal y pimienta

Elaboración

Empezamos echando sal y pimienta a los trozos de pollo. Luego, cogemos una cacerola mediana, añadimos abundante aceite hasta cubrir bien el fondo y la ponemos a calentar. Mientras, cortamos las cebollas en cuatro o seis partes, cada una, y echamos los trozos a la cacerola. Doramos la cebolla durante un par de minutos. Luego, subimos la intensidad del fuego y añadimos el pollo. Lo dejamos 3 o 4 minutos más. Por último, bajamos el fuego y añadimos la lata de cerveza y un chorrito de coñac. Lo dejaremos cocinando media hora, aproximadamente, hasta que se evapore el alcohol y el pollo termine de dorarse.

Macedonia de plátano y fresas

PRECIO
2,60 €

Ingredientes para 4 personas

- 4 plátanos
- 500 g de fresas
- Azúcar

Elaboración

Pelamos los plátanos y los troceamos; picamos también las fresas. Mezclamos las dos frutas en un cuenco, con abundante azúcar. Removemos bien y dejamos un par de horas en la nevera para que la fruta macere con el azúcar.

LASAÑA DE VERANO

PRECIO
4,80 €

INGREDIENTES PARA 4 PERSONAS

- Placas de lasaña
  (3 por persona)
- 4 o 5 palitos de cangrejo
- 1 lata de puntas de espárragos
- 1 cebolla y 2 tomates
- Lechuga
- 2 huevos duros

Para la salsa vinagreta:

- 100ml Aceite de oliva
- Vinagre
- 1 cucharada de mostaza
- Sal
- Pimienta

ELABORACIÓN

Ponemos las placas de lasaña en agua caliente durante 30 minutos. Luego, las escurrimos bien. Mientras esperamos que estén listas las placas de lasaña, vamos a hacer la vinagreta. Echamos 100 ml de aceite de oliva en un recipiente y añadimos un chorrito de vinagre, una cucharada de mostaza, la sal y la pimienta. Batimos bien. Ahora cortamos, en trocitos muy pequeños, la cebolla, los tomates y los palitos de cangrejo. Los añadimos a la vinagreta.

Los huevos duros los cortaremos a rodajas y la lechuga la cortaremos en tiras largas. Ahora vamos a preparar la presentación del plato: echamos una cucharadita de vinagreta en el plato. Colocamos encima una de las placas de lasaña. Encima colocamos las tiras de lechuga, con un poquitín de sal y una pizca de vinagreta. Añadimos también un poco de huevo duro y unas puntas de espárragos. Encima de todo, colocamos otra placa de lasaña y, sobre ella, el preparado de cebolla, tomate y cangrejo. Tapamos todo con otra placa de lasaña. Terminamos el plato aliñando con vinagreta y añadiendo algún detalle decorativo, como un cebollino cortado y un poco de sal volcánica o maldon.

Pescadito frito con lechuga

PRECIO
5,30 €

Ingredientes para 4 personas

- 1 kg de pescado variado (boquerón, sardina, etc.)
- 1 plato de harina
- 1 sobre de levadura
- 1 limón
- 1 lechuga
- 5 dientes de ajo
- Aceite de oliva
- Sal
- Perejil

Elaboración

El primer paso es limpiar el pescado. Luego, lo troceamos y lo aderezamos con un poco de limón y sal.

Preparamos un plato con harina y levadura y vamos embadurnando los trozos de pescado.

Calentamos abundante aceite de oliva en una sartén y echamos los ajos pelados y enteros, sin trocear. Cuando el aceite esté muy caliente, echamos los trozos de pescado. Hay que echarlos poco a poco, para que no baje la temperatura del aceite. Cuando el pescado esté dorado, lo sacamos de la sartén.

Para servir, colocamos una servilleta de papel encima de una fuente y colocamos los trozos de pescado sobre ella. Así, la servilleta absorberá el aceite sobrante. Espolvoreamos un poco de perejil y decoramos la fuente con unas rodajitas de limón; o bien acompañamos de unas hojas de lechuga, al gusto.

Sorbete de limón

PRECIO
1,75 €

Ingredientes para 4 personas

- 4 limones grandes
- 2 claras de huevo
- 200 g de azúcar
- Virutas de chocolate

- Ralladura de medio limón
- 500 ml de agua
- 1 pizca de sal

Elaboración

Ponemos el agua a calentar en una cacerola y añadimos el azúcar. Como el azúcar se diluirá, poco a poco, en el agua, tenemos que remover sin parar para conseguir un almíbar suave.

Retiramos la cacerola del fuego y pasamos el almíbar a otro recipiente, donde lo dejaremos enfriar al aire libre.

Mientras, preparamos los limones. Cortamos los limones por la mitad y los exprimimos hasta conseguir un vaso de zumo. No nos interesa la pulpa, así que colaremos el zumo para quitarla.

Cuando el almíbar esté a temperatura ambiente, añadimos el zumo y la ralladura de medio limón. Metemos la mezcla unas horas en el congelador.

Cuando veamos que la mezcla está como una pasta, batimos las dos claras de huevo con una pizca de sal. Tenemos que batir mucho, hasta conseguir un punto de nieve fuerte, que sea capaz de sujetar un cubierto de pie sin que se caiga.

Removemos la mezcla de almíbar y limón, lo mezclamos con las claras, lo removemos de nuevo y le damos un pase de varillas.

Por último, vertemos la mezcla en un molde y volvemos a guardarlo en el congelador.

Cuando el sorbete esté congelado, lo sacamos y lo presentamos junto con unas lenguas de gato o ralladura de chocolate.

GAZPACHO

PRECIO
3,80 €

Hay miles de tipos de gazpacho, uno para cada gusto. Incluso hay libros dedicados a este plato. Pero esta receta es una de las que más me gustan.

INGREDIENTES PARA 4 PERSONAS (8-10 RACIONES)

- 1 kg de tomates maduros
- 400 g de pepinos
- 400 g de pimientos verdes
- 200 g de cebolla
- 2 ajos

- 200 g de pan
- 50 ml de aceite de oliva
- 25 ml de vinagre de Jerez
- Sal
- Agua

ELABORACIÓN

Para el gazpacho, mejor utilizar tomates maduros y carnosos que verdes y duros. El primer paso en la elaboración del gazpacho es dejar macerar los ingredientes. Yo los macero en frío durante un día, con el aceite y el vinagre. Así, el resultado será más sabroso que si lo triturásemos en el momento de cortar.

Pero, primero, debemos limpiar y cortar en taquitos los tomates, los pepinos (a los que habremos quitado el culo) y los pimientos verdes. Los ajos también pero los majaremos antes con sal y cebolla. Si hemos cogido pan duro para hacer el gazpacho, lo dejaremos en remojo con agua, aceite y vinagre. Así será más fácil cortarlo. Después de cortarlo, lo añadiremos a las verduras que tenemos troceadas. Dejaremos esta mezcla en la nevera un día para que se mezclen bien los sabores.

Al día siguiente, añadimos un poco de agua a nuestra mezcla y lo trituramos. Estaremos atentos al punto de sal, vinagre y aceite. Cuando sea necesario añadir uno de estos ingredientes, lo haremos poco a poco porque no queremos pasarnos. Seguimos triturando hasta que quede una sopa fina y homogénea. Luego, lo pasamos por el colador (o el chino, si tenemos uno en casa) para quitarle todos los grumos. Solo nos queda preparar la guarnición de nuestro gazpacho. Utilizaremos las mismas verduras que hemos usado en la elaboración del gazpacho, pero cortadas en trocitos muy pequeños.

Paella de pescado y verduras

PRECIO
4,20 €

Ingredientes para 4 personas

- 300 g de arroz de grano redondo
- 100 g de pescado congelado (rosada o panga)
- 1 lata de tomates pelados al natural (400 g)
- 50 g de guisantes congelados
- 3-4 corazones de alcachofa
- 1 cebolla
- 1 pimiento rojo

- 3 dientes de ajo
- 1 l de caldo de pescado
- 4 cucharadas de aceite de oliva
- Sal y pimienta
- 1 hoja de laurel
- 1 cucharada de hojas de perejil
- 1 cucharadita de pimentón dulce
- Pizca de azafrán o colorante amarillo
- Hierbas aromáticas

Elaboración

Me gusta mucho este plato porque me ayuda a aprovechar todas las verduras y el pescado blanco que tengo en el frigorífico. Empezamos calentando el caldo de pescado, siempre con el fuego muy lento. Echo una hoja de laurel y algo de perejil picado para mejorar su aroma. Cuando no tengo caldo a mano, aprovecho las cabezas de langostino y algo de pescado (lo que tenga por casa) para hacer un caldo en un momento. Mientras tengo el caldo al fuego, aprovecho para preparar el sofrito. Cojo una paellera o una sartén grande, echo el aceite y la cebolla picada, muy fina. A continuación añado los ajos y el pimiento rojo picados. Dejo el sofrito a fuego lento, para que se haga poco a poco durante 5-7 minutos. Luego, añado la lata de tomates y dejo que se haga la mezcla durante otros 10 minutos, removiendo de vez en cuando.

Transcurrido este tiempo, añado el pimentón dulce, sin dejar de remover. Luego, añado el arroz y dejo saltear durante otros 3-4 minutos. Ahora, es un buen momento para añadir algunas hierbas aromáticas. Yo suelo echar una pizca de tomillo, orégano o alguna hierba similar. Cuando el caldo está caliente, lo vierto sobre el arroz. Lo echo poco a poco, sin dejar de remover. Luego, añado los corazones de alcachofas troceados a la sartén y los guisantes y los trozos de pescado. Por último, añado azafrán o colorante. Para dar ese toque de sabor que tanto nos gusta, pongo un poquitín de sal y una pizca de pimienta. Dejo cocer la mezcla a fuego medio durante unos 15 -18 minutos. Si veo que el arroz ya está hecho, lo retiro antes. Es importante que esté en su punto, un poco *al dente*.

Por último, tapo y dejo reposar la comida durante 3-4 minutos. Si veo que el arroz ha absorbido todo el caldo y termina la cocción de grano, también lo retiro. Lo importante es que el grano quede suelto. Es decir, dedico unos 10 minutos a la preparación de este plato y otros 40 minutos a su cocción.

Batido de sandía

PRECIO
0,95 €

Ingredientes para 4 personas

- Media sandía
- Media tacita de azúcar
- 800 ml de leche
- Hielo

Elaboración

Cortamos media sandía en cuatro raciones y quitamos la corteza y las pepitas. La troceamos y echamos en una batidora. Añadimos el azúcar, la leche y el hielo. Picamos bien hasta que quede un batido suave y fresquito.

Dieta
mediterránea
Menús de otoño-invierno

PURÉ GRATINADO DE PATATA Y ZANAHORIA

PRECIO
1,60 €

INGREDIENTES PARA 4 PERSONAS

- 1 kg de patatas
- 500 g de zanahorias
- 1 cebolleta fresca
- 2 quesitos en porciones
- 500 ml de leche
- 500 ml de agua
- 4 cucharadas de aceite de oliva
- Sal

ELABORACIÓN

Para preparar nuestro puré, empezamos por pelar las patatas, las zanahorias y la cebolleta, y las cortamos en trocitos.

Ponemos una cazuela al fuego y echamos las verduras que acabamos de cortar. Añadimos suficiente agua para que las cubra. También añadimos la leche. Dejamos cocer esta mezcla durante 30 minutos a fuego lento. Añadimos también 4 cucharadas de aceite de oliva. Transcurrido este tiempo, la verdura estará blanda y será el momento de pasar el contenido de la cazuela por la batidora para hacer una crema fina y sin grumos.

Antes de servir, probaremos el punto de sal y sazonaremos a nuestro gusto. Luego, repartiremos el puré en cuatro recipientes de barro. Añadimos medio quesito a cada uno de estos recipientes y los meteremos en el horno, durante 5 minutos, a una temperatura de 200 grados. Si vemos que se gratina la superficie del puré antes de que pasen estos 5 minutos, habrá llegado el momento de sacar los recipientes del horno.

Este plato se debe servir de inmediato porque se toma muy caliente.

Solomillo de cerdo y alcachofas

PRECIO
8,20 €

Ingredientes para 4 personas

- 4 solomillos de cerdo
- 100 g de cebolletas
- 400 g de corazones de alcachofas
- 1 vasito y medio de nata líquida
- 4 cucharadas de harina
- 1/2 cucharada de harina de maíz
- 2 cucharadas de aceite de oliva
- Pimienta negra y sal

Elaboración

Cortamos los solomillos, los salpimentamos y los pasamos por harina. Ponemos una sartén al fuego con aceite y, cuando esté caliente, echamos el solomillo. Bastará con que se doren por el exterior y se haga un poquito su interior. En otra sartén, echamos aceite y pochamos las cebolletas. Quitamos el aceite de la sartén que hemos utilizado para dorar el solomillo y echamos un vaso de agua y las cebolletas salteadas. Dejamos que hierva hasta que veamos que sus jugos se han caramelizado. Añadimos los solomillos y las alcachofas. Lo hervimos a fuego lento 10 minutos. Disolvemos la harina de maíz en un poco de agua y la añadimos al caldo de la sartén y la nata líquida y dejamos que se cocine hasta formar una salsa cremosa. Removemos de vez en cuando para evitar que se pegue y probamos para ver su punto de sal.

Macedonia de frutas de invierno

PRECIO
2,50 €

Ingredientes para 4 personas

- 3 naranjas para zumo
- 2 kiwis
- 1 racimo de uvas
- 2 granadas
- 1 pomelo
- 8 cucharadas de azúcar

Elaboración

Pelamos la fruta, la troceamos y la colocamos en un bol. Añadimos el zumo de las tres naranjas, el azúcar y lo dejamos dos o tres horas en la nevera.

LENTEJAS ESTOFADAS CON VERDURAS

PRECIO
2,20 €

INGREDIENTES PARA 4 PERSONAS

- 300 g de lentejas pardinas
- 1 patata
- 1 pimiento verde y uno rojo
- 1 zanahoria

- 1 apio
- 1 cebolla y 1 ajo
- 1 taco de calabaza pequeño
- Aceite de oliva, sal y pimentón

ELABORACIÓN

A mí me gusta preparar este plato con lentejas pequeñas porque las grandes hay que ponerlas en remojo la noche anterior.

Empezamos pelando la patata y la zanahoria. Luego, quitamos las fibras del apio y cortamos estas tres verduras en trocitos. Para que la patata suelte el almidón, empezamos cortando cada uno de los trozos con el cuchillo. Pero, en lugar de cortarlo entero, lo arrancaremos cuando el cuchillo se encuentre por la mitad de su recorrido. Pelamos la cebolla y la cortamos en dos trozos, el pimiento verde y el rojo los lavamos bien y los cortamos en cuatro trozos. Le quitamos las semillas y el rabo. Cortamos la calabaza en trocitos pequeños y pelamos el diente de ajo. Ponemos agua en una olla y la ponemos al fuego. Estando aún fría el agua, metemos dentro las lentejas y las verduras, añadimos sal, un chorrito de aceite y media cucharada de pimentón. Dependiendo de la olla, tenemos que dejar más o menos tiempo las lentejas al fuego, pero lo normal es que estén listas a los 25 minutos. Si vemos que en menos tiempo ya están blandas, las podremos retirar del fuego.

Antes de servir las probamos. Si están sosas, añadiremos una pizca de sal. Pero yo prefiero que estén sosas a que queden saladas. Cogemos unos platos hondos de barro y servimos las lentejas calientes.

CROQUETAS DE JAMÓN CON ENSALADA

PRECIO
3,80 €

INGREDIENTES PARA 4 PERSONAS

Para la masa:

- 200 g de jamón en taquitos
- 1 cebolla mediana
- 30 g mantequilla
- 3 cucharadas de harina
- 500 ml de leche
- 3 cucharadas de aceite de oliva

Para el rebozado:

- 2 huevos
- Harina
- Pan rallado o pan rallado con perejil

ELABORACIÓN

Ponemos una sartén con aceite y mantequilla al fuego. Picamos la cebolla en trocitos pequeños. Echamos la cebolla picada en la sartén y la doramos durante cinco minutos. Añadimos los taquitos de jamón serrano y le damos unas cuentas vueltas para que cojan algo de calor. A continuación, añadimos la harina y la dejamos unos minutos para que absorba bien la grasa, sin dejar de remover con una cuchara de madera. Terminamos de hacer esta mezcla añadiendo leche fría. Hago mucho hincapié en remover la mezcla con la cuchara de madera porque queremos que quede cremosa y suave, sin grumos. Cuando la mezcla esté lista, la dejaremos a fuego muy suave durante 10 minutos. Si vemos que la masa se despega de la sartén, podemos quitarla del fuego antes de estos 10 minutos.

Cogemos una fuente y la untamos con un poquito de aceite para evitar que se pegue la masa. Colocamos la masa que acabamos de hacer en la sartén en la fuente con el aceite, y la dejamos enfriar. Yo suelo hacer este paso el día anterior a servir las croquetas y guardo la fuente con la masa de las croquetas en la nevera, protegiéndola con un film de plástico.

Cuando vayamos a hacer las croquetas, las tenemos que moldear con las manos. Para evitar que se peguen, nos podemos echar una gotita de aceite en cada mano.

Para preparar las croquetas necesitaremos tres platos, uno con harina, otro con huevo batido y otro con pan rallado. Cuando hayamos moldeado las croquetas, las embadurnaremos en harina, luego las pasaremos al plato del huevo batido para que se empapen bien. Por último, las llevaremos hasta el plato de pan rallado y las rebozaremos en pan. Normalmente, cuando hago croquetas, salen muchas más de las que vamos a comer. No pasa nada, las croquetas que no se vayan a comer ese día las meto en el congelador. Es un alimento que aguanta muy bien congelado.

Para freírlas, ponemos una sartén al fuego con abundante aceite. Cuando esté bien caliente, metemos las croquetas de cuatro en cuatro en la sartén. Nos ayudaremos de la pala de madera para darles la vuelta y conseguir que se doren por los dos lados. Cuando estén listas, las sacamos y las dejamos en un plato sobre un papel absorbente de cocina. Este papel absorberá el exceso de aceite de las croquetas. Así conseguimos que queden crujientes.

Me gusta servir las croquetas con ensalada de pimientos morrones o una ensalada de lechuga y tomate.

RODAJAS DE NARANJA CON MIEL DE ROMERO Y COINTREAU

PRECIO
1,90 €

INGREDIENTES PARA 4 PERSONAS

- 4 naranjas
- 3 cucharadas de miel de romero
- 1 chorrito de Cointreau
- 1/2 vasito de agua
- Menta o hierbabuena

ELABORACIÓN

Este postre es muy nutritivo y muy fácil de hacer. Empezamos pelando las naranjas y quedándonos solamente con la pulpa. Retiraremos incluso las fibras blancas de la naranja para que no amarguen el sabor de este postre. Luego, las cortamos en rodajas.

Por otro lado, diluimos la miel en un poco de agua. Aplicamos un poco de miel diluida y Cointreau a las dos caras de las rodajas de la naranja.

Para presentarlo, colocamos varias rodajas de naranja en cada plato y adornamos con unas hojitas de menta o hierbabuena o alguna flor. A unos amigos les encanta este postre con una bola de chocolate o con un poco de nata montada.

ENTREMESES VARIADOS

PRECIO
6,50 €

INGREDIENTES PARA 4 PERSONAS

- 100 g de chorizo
- 100 g de salchichón
- 100 g de queso curado
- 100 g de pavo o jamón cocido

Para la ensaladilla:

- 500 g de patatas
- 1 zanahoria grande
- 2 huevos
- 1 lata de atún
- 1 bote de mayonesa
- Aceitunas verdes
- 8 rebanadas de pan de molde
- 50 ml de aceite de oliva
- Sal

ELABORACIÓN

Ponemos una cacerola grande y otra más pequeña con agua al fuego. Mientras el agua se calienta, lavamos las patatas, la zanahoria y los huevos. Cuando rompa a hervir el agua, metemos las patatas y la zanahoria en la cacerola más grande y los huevos en la más pequeña. Si tenemos por casa una aguja para cocer huevos, pincharemos la cáscara antes de echarlos al agua. Así evitaremos que se rompa.

Añadimos un poco de sal a la cacerola donde se están hirviendo las verduras y una pizca a la cacerola con los huevos. 10 minutos más tarde, los huevos ya estarán listos. Retiramos del fuego la cacerola. Las verduras aún tardarán 10 minutos más. Para saber si las patatas están listas, lo mejor es pincharlas con un tenedor. Cuando estén blandas por dentro, estarán listas. Si no, las dejaremos otro rato más al fuego.

Vamos a pelar los huevos cocidos. Primero, los pasamos por agua fría y luego retiramos la cáscara. Separamos la clara de la yema. Troceamos la clara y la reservamos para añadirla más adelante. La yema la rallamos y la guardamos para la presentación final del plato.

Pelamos la zanahoria y las patatas y las cortamos en daditos. Ponemos la patata en un recipiente y añadimos aceite. Mezclamos bien y luego añadimos la zanahoria, seguimos mezclando. Por último, añadimos la picadura de claras de huevo.

Abrimos lata de atún y dejamos escurrir el aceite. Luego, volcamos su contenido en el recipiente donde tenemos los ingredientes de la ensaladilla.

Añadimos las tres cuartas partes del bote de mayonesa. No lo haremos todo de golpe, sino que echaremos cucharadas soperas, de una en una. Según añadamos una nueva cucharada, mezclaremos para que la ensaladilla quede consistente.

Volcamos la ensaladilla en un plato y la adornamos con ralladura de la yema de huevo duro que habíamos apartado y las aceitunas verdes. Añadimos el embutido a su alrededor.

Tostamos ligeramente las ocho rebanadas de pan de molde, hasta que queden crujientes. No deben quedar quemadas. Las presentamos en una cesta de mimbre, junto con la fuente de la ensaladilla y el embutido.

Pollo con salsa de aceitunas

PRECIO
6,30 €

Ingredientes para 4 personas

- 1 kg de pollo (en filetes o troceado)
- 1 latita de aceitunas negras
- 5 tomates
- 3 dientes de ajo
- 1 pizca de clavo molido en especia
- 2 cucharadas de aceite de oliva
- Sal
- Pimienta negra

Elaboración

Echamos el aceite sobre una plancha y la encendemos. Mientras, añadimos sal y pimienta al pollo. Cuando la plancha haya cogido temperatura, colocamos los trozos o filetes de pollo encima para que se vayan haciendo.

Mientras se hace el pollo, pelamos los tomates y los picamos. También pelamos y picamos los ajos. Ponemos una sartén al fuego con algo de aceite, echamos los ajos y los salteamos. Cuando estén listos, añadimos los tomates, las aceitunas (que habremos picado previamente) y el clavo. Tendremos esta mezcla a fuego lento durante 15 minutos y removemos constantemente.

Para servir, colocamos los trozos o filetes de pollo en un plato y les echamos la salsa, bien caliente, por encima. Podemos acompañarlos con una ensalada, champiñones o, como les gusta a mis nietos, con patatas fritas.

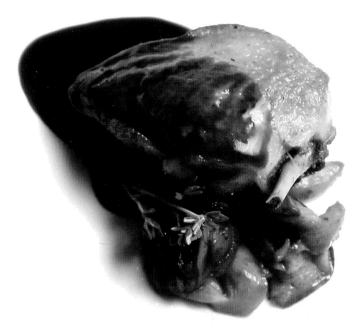

COMBINADO DE KIWI CON MANDARINA

PRECIO
1,30 €

INGREDIENTES PARA 4 PERSONAS

- 2 kiwis
- 6 mandarinas
- Azúcar

ELABORACIÓN

Pelamos las mandarinas y los kiwis y cortamos todo en rodajas. Lo ponemos junto en un bol grande y endulzamos con azúcar al gusto.

ARROZ A LA MILANESA CON VERDURAS Y TOMATE

PRECIO 3,60 €

INGREDIENTES PARA 4 PERSONAS

- 300 g de arroz
- 600 ml de agua
- 100 g de tiras de jamón curado
- 100 g de guisantes
- 4 tomates maduros
- 2 cebollas pequeñas
- 2 pimientos verdes pequeños
- 2 dientes de ajo
- 4 cucharadas de queso rallado
- 2 cucharadas de mantequilla
- Aceite

ELABORACIÓN

Pelamos los ajos y las cebollas y los cortamos en trocitos pequeños. Lavamos bien los pimientos y los cortamos en tiras. Ponemos una sartén al fuego con un poco de aceite. Cuando esté caliente, echamos el ajo y la cebolla y los rehogamos. Añadimos el jamón y las tiras de pimiento.

Mientras, lavamos muy bien los tomates y los troceamos mucho, hasta que quede casi deshecho. Lo añadiremos a la sartén cuando vemos que los ingredientes estén tiernos. También añadiremos el arroz y lo cubriremos todo con el agua.

Cuando el arroz esté medio hecho, añadimos los guisantes. En este momento vamos a subir el fuego y lo pondremos fuerte, para que todo nuestro guiso entre en ebullición. Cuando rompa a hervir, bajaremos el fuego de nuevo y lo dejaremos así hasta que el arroz absorba por completo el caldo.

Cogemos una fuente y volcamos nuestro guiso. Colocamos sobre él uno trocitos de mantequilla y lo espolvoreamos todo con queso rallado. Metemos la fuente en el horno, que lo habremos calentado a 180 grados, y la dejaremos gratinar durante 10 minutos.

Pasado este tiempo, sacaremos la fuente del horno y la dejaremos reposar unos minutos antes de servir los platos.

Salmón al eneldo

PRECIO
5,30 €

Ingredientes para 4 personas

- 800 g de salmón (en 4 trozos)
- 3 cebollas
- 2 limones
- 3 patatas (opcional)

- Eneldo
- Aceite de oliva
- Sal

Elaboración

En primer lugar, pelamos las cebollas y las partimos en rodajas de un dedo de grosor aproximadamente. Las colocamos en una bandeja apta para el horno (que cubra todo el fondo) y echamos un chorrito de agua, uno de aceite y sal, y metemos al horno para que la cebolla se vaya pochando. Dependiendo del primer plato o del hambre de los comensales, podemos poner también una camita de patatas (en ese caso, es mejor marcar primero las rodajas de patata en la sartén). Entre tanto, exprimimos los limones y le añadimos al zumo un chorro de aceite de oliva. Si sale mucho zumo de los limones, retiramos un poquito (en todo caso, es mejor quedarse corto y que cada comensal añada luego a su gusto). Cuando veamos que se va ablandando la cebolla, sacamos la bandeja del horno y colocamos encima los cuatro trozos de salmón (previamente lavados). Les echamos un poco de sal, el jugo de limón y aceite y, por último, el eneldo. Metemos en el horno a 180 grados durante 10-15 minutos, dependiendo del grosor de los trozos.

A la hora de servir, colocamos cada trozo de salmón en un plato rodeado de varias rodajas de cebolla y un poco del jugo resultante. No hace falta más, el colorido del salmón y el eneldo viste todo el plato y, ya veréis, simplemente el olor mientras se hornea es ya delicioso.

Piña natural

PRECIO
2,00 €

Si tenemos un cortador de piñas nos quedarán unas rodajas fantásticas; si no, podemos utilizar el cuchillo y arreglarla en rodajas.

TORTELLINI A LA ITALIANA

PRECIO
4,90 €

INGREDIENTES PARA 4 PERSONAS

- 500 g de tortellini
- 300 g de carne picada
- 200 g de champiñones
- Queso rallado

- 1 kg de salsa de tomate
- 1/2 cebolla picada fina
- Sal, aceite y orégano

ELABORACIÓN

Pelamos y cortamos la cebolla en trozos muy pequeños. Cortamos los champiñones en láminas. Ponemos una sartén al fuego con un poco de aceite y echamos la cebolla. Removemos hasta que empiece a coger color. Añadimos la carne picada y las láminas de champiñones. Freímos el contenido de la sartén durante unos minutos, dando vueltas de vez en cuando a la carne para que se haga por igual. Finalmente, añadimos la salsa de tomate y el orégano. Según echemos la salsa, nos ayudaremos de una pala de madera para mezclarla bien con la carne. Tapamos la sartén y la ponemos a fuego muy lento. La dejamos así durante 7 minutos y removemos de vez en cuando para ayudar a que la comida se haga de forma uniforme.

Mientras, llenamos una olla con mucha agua, añadimos una pizca de sal y una cucharada de aceite. La ponemos al fuego y, cuando empieza a hervir, echamos los tortellini en la olla. Al cabo de los 10-12 minutos, volcamos los tortellini en un escurridor, les damos un chorrito de agua fría y los dejamos escurrir bien.

Para servirlos, los volcamos en una fuente, les echamos la salsa por encima y espolvoreamos queso rallado. A mis nietos les gusta mucho un toque de pimienta negra.

Escalope de ternera con ensalada y rábanos

PRECIO
8,60 €

Ingredientes para 4 personas

- 4 escalopes de ternera
- 2 huevos
- 30 g de pan rallado
- 20 g de harina
- 1 bolsita de ensalada verde

- 2 patatas
- 2 rábanos
- 2 chorritos de aceite de oliva
- 1 chorrito de vinagre
- Sal, pimienta y orégano

Elaboración

La preparación de este plato es un tanto curiosa. Antes de empezar a cocinar, tenemos que preparar los escalopes. Los ponemos sobre una tabla y, con un rodillo, los aplastamos varias veces. También podemos utilizar un martillo de cocina, pero hay que tener mucho cuidado de no romper los filetes.

Después, les añadimos una pizca de sal y de pimienta para condimentarlos a nuestro gusto.

Preparamos tres platos hondos, uno con harina, otro con huevo batido y otro con pan rallado. Pasamos nuestros escalopes por los tres platos, primero por la harina, luego los embadurnamos bien en huevo y, por último, los enterramos en pan rallado. Cuando estén rebozados, los dejamos en un plato y los metemos en el frigorífico para que cojan firmeza.

Después de media hora, ponemos una sartén al fuego con abundante aceite. Calentamos el aceite y echamos los escalopes en la sartén. No echaremos muchos a la vez para que no baje la temperatura del aceite. Cuando estén fritos por las dos caras, los sacamos de la sartén y los colocamos en un plato, sobre un papel absorbente de cocina. Me gusta utilizar este papel porque absorbe el exceso de aceite, quedando los filetes muy crujientes.

Para la guarnición, hervimos las patatas y las troceamos. Por otro lado, lavamos la ensalada verde (escogeremos la que más guste en casa: lechuga, canónigos, espinacas, etc.) y los rábanos y los cortamos en rodajas.

Para presentar los filetes, los colocamos en un plato y los acompañaremos de un poco de ensalada verde, patatas y unas cuantas rodajas de rábano. Aliñamos con un poquito de sal, vinagre y orégano.

BANANAS CON CARAMELO

PRECIO 0,80 €

Pelamos y partimos en rodajas 6 bananas y las ponemos en un plato con un chorrito de caramelo. Tienen un sabor muy suave y dulce. ¡Son estupendas!

POTAJE DE GARBANZOS

PRECIO
3,50 €

INGREDIENTES PARA 4 PERSONAS

- 500 g de garbanzos
- 2 huevos duros
- 250 g de espinacas
- 1 zanahoria
- 1 tomate
- 2 cebollas

- 3 dientes de ajo
- 1 dl de aceite de oliva
- Sal
- Laurel
- Perejil

ELABORACIÓN

El día anterior a hacer esta receta, dejamos los garbanzos en remojo en un recipiente con suficiente agua tibia y un poquito de sal.

Ponemos al fuego una olla con agua y añadimos los garbanzos. Cuando rompa a hervir, añadimos un poquito de aceite, una cebolla, una zanahoria, dos dientes de ajo, algo de perejil y una hoja de laurel. Cocemos todo hasta que los garbanzos estén blandos.

Por otro lado, añadimos agua a otra olla y cocemos las espinacas. Cuando estén listas, las escurrimos y la picamos muy bien. Por último, las añadimos a la olla donde están nuestros garbanzos.

Ahora, vamos a retirar de la olla de nuestro guiso la zanahoria, la cebolla y una cucharada de garbanzos. Vamos hacer un puré con estos ingredientes. Colamos el resultado y lo volvemos a añadir a la olla. Removemos bien para que se mezcle con su contenido.

Pelamos una cebolla y la picamos muy fina. Hacemos lo mismo con un ajo y con un poquito de perejil. El tomate lo lavamos bien y lo picamos también en trozos pequeños. Ponemos una sartén al fuego con un poco de aceite. Cuando coja temperatura, echamos la cebolla picada y le damos unas vueltas para que coja algo de color. Luego, añadimos el resto de ingredientes que acabamos de preparar. Le damos vueltas hasta conseguir un buen refrito.

Si hubiese demasiado caldo en la olla de nuestro guiso, retiramos un poco. Luego, añadimos el refrito que acabamos de preparar y los huevos duros picaditos. Probamos el punto de sal y lo corregimos si fuese necesario.

Servir bien caliente.

Dorada a la sal

PRECIO 8,70 €

Ingredientes para 4 personas

- 1 dorada de 1-1,5 kg
- 3 kg de sal gorda
- Aceite de oliva

- 1 limón
- Sal y pimienta
- Patatas (opcional)

Elaboración

Después de este primer plato contundente, prepararemos un pescado ligero. A la hora de comprar la dorada, le pediremos al pescadero que le quite las vísceras y la deje limpita por dentro, pero que no le quite las escamas (así no se secará al hornearla). Ya en casa, lavamos y secamos bien la dorada tanto por fuera como por dentro. La salpimentamos y echamos un chorrito de aceite por dentro, la colocamos sobre la cama de sal que hemos dispuesto en nuestra bandeja de horno y cubrimos completamente la lubina con el resto de la sal, a la que podemos añadir unas gotitas de agua para que quede más compacta y apretadita. Metemos en el horno, ya precalentado, a 220 grados unos 40-45 minutos, hasta que la sal se haya endurecido y comience a romper (perceptible también por el tono dorado que toma). Presentamos así en la mesa, damos unos golpecitos a la costra de sal, la retiramos y separamos los filetes, que dispondremos en cada plato con un chorrito de aceite y unas gotitas de limón. Se puede acompañar de unas patatitas asadas.

Dados de pera con miel

PRECIO 1,50 €

Ingredientes para 4 personas

- 6 peras
- Miel

Elaboración

Pelamos 6 peras y las partimos en cuadraditos. Distribuimos los taquitos en un plato y añadimos un chorrito de miel.

FIDEOS A LA CAZUELA

PRECIO
4,70 €

INGREDIENTES PARA 4 PERSONAS

- 100 g de fideos gordos
- 2 butifarras catalanas (1/2 por persona)
- 6 salchichas (1,5 por persona)
- 300 g de costilla de cerdo
- 1 tomate
- 100 g de cebolla
- 2 dientes de ajo
- 15 g de avellanas tostadas
- 5 g de pimentón dulce
- Azafrán
- 3 cubitos de caldo o caldo natural (2 l)
- Aceite

ELABORACIÓN

Empezamos preparando la cebolla y el ajo. Los pelamos y los picamos en trocitos pequeños. Ponemos al fuego una cazuela con agua. Cuando hierva el agua, echamos el tomate para que escalde. Así, podremos quitarle la piel y las pepitas. Luego, lo retiramos, picamos y lo reservamos.

Ponemos una cazuela al fuego y echamos un chorro de aceite. Cuando el aceite esté caliente le añadiremos la costilla de cerdo y dejaremos que se dore un poco. A continuación, añadimos la cebolla que hemos picado y daremos vuelta para que también se dore. Por último, añadimos el ajo.

Luego, echamos las salchichas y las butifarras y damos unas vueltas al guiso para que cojan algo de color. Echamos el azafrán y el pimentón dulce. Es importante no dejar de remover el guiso para que no se quemen los ingredientes. A continuación, añadimos el tomate picado.

En otra cazuela, calentamos 1 litro de caldo. Cuando esté en su punto, lo añadiremos a nuestro guiso y lo mezclaremos bien. Lo dejamos que cueza durante 20 minutos. Mientras, calentamos el litro que queda y lo añadiremos al guiso cuando hayan transcurrido estos 20 minutos.

Por otro lado, echamos las avellanas tostadas en un mortero y las machacamos, junto con el azafrán. Lo mezclamos todo bien y lo añadimos a nuestro guiso junto con los fideos. En el paquete donde viene la pasta se indicará el tiempo de cocción. Así pues, dejamos nuestro guiso al fuego el tiempo que nos indique. Luego, dejaremos reposar el guiso. Es bueno que quede mucho caldo, porque cuando repose el guiso, los fideos absorberán gran parte del caldo.

Cuando se termine de hacer, servimos las cuatro raciones en platos hondos. Es un plato que está muy rico recién hecho.

Canelones de la abuela

PRECIO
9,45 €

Ingredientes para 4 personas

- 500 g de carne de cerdo
- 500 g de carne de ternera
- 1 pechuga de pollo
- 2 latas de *foie gras*
- 500 g de tomates maduros
- 500 g de cebolla

- Queso rallado
- 1 vaso de la salsa que quedó del guiso de la carne
- Aceite de oliva
- 3 cucharadas de mantequilla
- 1 ajo y sal

Elaboración

Ponemos una cazuela al fuego con el aceite. Mientras se calienta, troceamos la carne del cerdo y la de ternera en piezas grandes. Cuando el aceite esté caliente, las echamos a la cazuela. También echamos el pollo. Pelamos la cebolla, el ajo y el tomate y los añadimos a la cazuela. Dejamos la cazuela a fuego lento hasta que la carne pierda consistencia y se ablande. Luego, sacamos los trozos de carne de la cazuela y los llevamos a la picadora (que no se nos olvide reservar un vasito de caldo para la bechamel). Añadimos un poco de cebolla y tomate que tenemos en la cazuela y lo picamos todo. No queremos tamizarlo, solamente picarlo. Colocamos esta mezcla de carnes y cebolla en un recipiente y añadimos el *foie gras*. Mezclamos bien todo el contenido para que quede una masa uniforme. Ponemos una cazuela al fuego con agua, un poco de aceite y sal. La dejamos hasta que rompa a hervir. Entonces, añadimos los canelones. Los dejamos 25 minutos y los removemos a menudo para evitar que se peguen. Cuando estén listos, los colocamos en un escurridor, les damos un chorro de agua fría y los extendemos sobre un paño de cocina. Con un tenedor, cogemos un poco de picadillo y lo distribuimos por encima de cada una de las láminas de los canelones. Con las manos, vamos cerrando los canelones sobre sí hasta formar un cilindro. Untamos un poco de mantequilla en un recipiente de barro para horno. Colocamos los canelones en ella. No los juntamos para que se hagan por igual. Añadimos la salsa bechamel, que ahora veremos cómo se hace, y espolvoreamos queso rallado. Cuando esté a punto, subimos la fuente a la posición más alta del horno para que se gratinen.

ELABORACIÓN DE LA BECHAMEL

Ponemos una cazuela al fuego y añadimos tres cucharadas de mantequilla. Mientras se deshace la mantequilla, cogemos el recipiente de la batidora y añadimos seis cucharadas de harina de trigo y 250 cc de leche. Le damos una pasada con la batidora y dejamos una mezcla homogénea. Añadimos esta mezcla a la cazuela donde tenemos la mantequilla y vamos dando vueltas con una pala de madera. Añadimos más leche poco a poco, removiendo siempre para conservar la consistencia de la bechamel. Añadimos un poco del caldo del guiso de carne para darle sabor. Lo más importante es no dejar de remover con la pala de madera. Poco a poco, la bechamel irá ganando en consistencia. Al remover evitaremos que se pegue a la cazuela.

MANZANA ASADA

PRECIO
0,80 €

INGREDIENTES PARA 4 PERSONAS

- 4 manzanas
- 100 g de azúcar

ELABORACIÓN

Con un cuchillo, quitamos el corazón de las manzanas (lo haremos desde arriba, para no abrir la fruta). Repartimos el azúcar entre las cuatro manzanas, echándola en el hueco central. Colocamos las manzanas en una fuente para horno y echamos agua en la bandeja. Las metemos en el horno durante 40 minutos a 150º C. Estarán listas cuando se abran por los lados y estén blanditas.

Recetas de casa
Menús de primavera-verano

AGUACATES CON GAMBAS

PRECIO
7,95 €

INGREDIENTES PARA 4 PERSONAS

- 4 aguacates
- 400 g de gambas crudas
- 250 ml de mayonesa
- 1 cucharada de mostaza

ELABORACIÓN

Vamos a empezar deshuesando los aguacates. Los partimos por la mitad y quitamos el hueso.

En un recipiente, volcamos la mayonesa y la mezclamos con la mostaza.

Ponemos una cacerola al fuego con agua y dejamos que hierva. Cuando el agua esté caliente echamos las gambas y las cocemos. Cuando estén en su punto, las sacamos del agua, les quitamos la cabeza y pelamos las colas.

Rellenamos el hueco que ha quedado en el aguacate después de quitar el hueso con la mezcla de mayonesa y mostaza y presentamos el aguacate en un plato, adornándolo con varias gambas en los laterales.

Filetes rusos

PRECIO
4,50 €

Ingredientes para 4 personas

- 500 g de carne picada de ternera
- 1/2 cebolla
- 2 ajos
- 1 huevo
- Pan rallado
- Harina de trigo
- Leche
- Perejil fresco
- Aceite y sal

Elaboración

Pelamos la cebolla y la picamos muy fina. Ponemos una sartén al fuego con un poco de aceite y añadimos la cebolla picada. Vamos a ir removiendo el sofrito con una pala de madera para que la cebolla se haga por igual, mientras añadimos un punto de sal. El fuego no debe estar muy fuerte. Cuando veamos que empieza a pocharse, la retiramos del fuego. Mientras, lavamos el perejil y pelamos los ajos. Los picamos en trocitos muy finos, y lo echamos a un bol, donde añadiremos la carne picada. Con una pala de madera vamos rompiendo la carne mientras la mezclamos con el perejil y el ajo. Añadimos luego un huevo batido y mezclamos bien. Cuando esté pochada la cebolla, la añadimos al bol y mezclamos. Es importante que la mezcla quede uniforme. Añadimos un puñadito de pan rallado, un poco de aceite y medio vaso pequeño de leche. Lo mezclamos todo bien con nuestra pala de madera, hasta que quede una pasta homogénea. Con una cuchara sopera, cogemos un poco de carne y la redondeamos con las manos. Tiene que quedar como una albóndiga. Cuando esté redonda, la aplastamos contra la tabla de cortar, y la enterramos en harina. Cuando tengamos todos nuestros filetes harinados, ponemos una sartén al fuego con abundante aceite. Antes de echar los filetes a la sartén, los sacudiremos para quitar el exceso de harina y los echaremos a la sartén.

Cuando estén dorados, les daremos la vuelta para que cojan color por la otra cara. Cuando los saquemos de la sartén, los dejaremos en un plato grande sobre papel de cocina, para que absorba el exceso de aceite.

Bombones helados

PRECIO
2,20 €

Ingredientes para 4 personas:

- 300 g de chocolate fondant
- 200 ml de nata de cocina mínimo 30% MG
- Un chorretón de ron añejo

Elaboración

Para preparar nuestros bombones helados, empezaremos fundiendo el chocolate. Lo metemos en un recipiente especial para microondas. Lo dejaremos hasta que se derrita por completo.

Al sacarlo del microondas, le añadimos los 200 ml de nata y un buen chorretón de ron. Cogemos las varillas de batir las claras y mezclamos bien el chocolate, la nata y al ron. Tenemos que conseguir que quede una mezcla con un color y una textura homogénea.

Luego, vertemos la mezcla en los moldes que habremos preparado para los bombones. No tenemos que llenarlos hasta arriba. Los dejaremos enfriar durante un rato a temperatura ambiente. Más tarde, los envolvemos en film de cocina y los metemos en el congelador para que terminen de endurecerse. Entonces estarán listos para comer.

Al tenerlos congelados, aguantan mucho tiempo.

Salmorejo

Precio 4,75 €

Ingredientes para 4 personas

- 1 kg de pan de miga dura
- 100 g de jamón en taquitos
- 1 huevo
- 1 kg de tomates maduros
- 2 dientes de ajo
- Aceite de oliva
- 3 o 4 cucharadas de vinagre de Jerez
- Sal al gusto

Elaboración

Ponemos una cacerola con agua al fuego. Cuando rompa a hervir, echamos dentro los tomates para escaldarlos. Así, resultará más fácil retirarles la piel. Cuando estén pelados, los echaremos en el vaso de la batidora.

Cogemos un recipiente con agua y echamos el pan. Esperamos a que se humedezca y lo cortamos en trocitos. Luego, lo echamos dentro del vaso de la batidora.

Pelamos los dos dientes de ajo y los añadimos al vaso de la batidora. Por último, añadimos el aceite de oliva, la sal y el vinagre. Con la batidora trituramos todo muy bien. Debemos tener cuidado de que la mezcla final sea homogénea y no haya grumos. Insistiremos hasta que en consigamos una sopa fina. Luego, esperaremos unos 25 minutos para que los ingredientes se vayan asentando y se formen una crema. Lo dejamos enfriar en la nevera.

Por otro lado, ponemos una cacerola con agua al fuego y le añadimos una pizca de sal. Cuando rompa a hervir, echamos el huevo y lo dejamos 10 minutos. Luego lo sacamos, lo ponemos debajo del chorro de agua fría y le quitamos la piel. Lo cortamos en trocitos pequeños, separando la yema de la clara. La yema la colocamos en un recipiente, la clara en otro y, en un tercero, los taquitos de jamón.

Para servir el salmorejo, vertemos la crema que tenemos en la nevera, en una sopera, que presentaremos en la mesa. Los comensales pueden añadir los trocitos de huevo y jamón al gusto.

BROCHETAS DE SOLOMILLO DE CERDO Y PLÁTANO

PRECIO
7,30 €

INGREDIENTES PARA 4 PERSONAS

- 2 solomillos de cerdo
- 2 plátanos
- 1 lechuga roja
- 1 lechuga verde
- 2 cebolletas
- 1 cucharada de miel
- 1 vaso de vino tinto
- 1 vaso de caldo de carne
- 1 cucharilla de harina de maíz refinada
- Agua
- Aceite virgen extra
- Vinagre
- Sal
- Pimienta

ELABORACIÓN

Ponemos una cazuela al fuego con un poco de aceite. Mientras se calienta, picamos una cebolleta y la añadimos a la cazuela. Dejamos que se fría y, cuando coja algo de color, añadimos el vino, el caldo y la miel. Con una pala de madera mezclamos todo muy bien y lo dejamos a fuego lento 10 minutos, hasta que se evapore el alcohol.

En un vaso de agua, añadimos un poco de harina de maíz refinada, agitamos con una cucharilla y disolvemos. Añadimos esta mezcla a la cazuela y la dejamos un par de minutos hasta que espese, sin dejar de remover.

Pelamos los plátanos y los cortamos en rodajas de un par de centímetros. Limpiamos los solomillos y también cortamos rodajas de un par de centímetros de grosor. Ya tenemos los componentes de nuestra brocheta. Cogemos el palo de la brocheta insertamos un trozo de carne, uno de plátano, otro trozo de carne, otro de plátano y un último trozo de carne. Añadimos sal y pimienta al gusto y un chorrito de aceite.

Encendemos la plancha y mojamos una servilleta en aceite. Con esta servilleta untamos la superficie de la plancha. Cuando esté muy caliente, ponemos nuestras brochetas en la plancha y las cocinamos 5 minutos por cada lado.

Mientras se hacen las brochetas, vamos a preparar la ensalada. Limpiamos las lechugas en agua tibia, utilizamos un escurridor de ensaladas para quitarle todo el agua y la ponemos en una ensaladera. Cortamos la cebolleta en trocitos muy finos y la incorporamos a la ensaladera. Añadimos el vinagre, la sal y el aceite, en este orden.

Ya tenemos la ensalada y las brochetas listas para comer.

Minibizcochos rellenos

PRECIO
2,40 €

Ingredientes para 4 personas

- 1 yogur de limón
- 2 vasitos de aceite (el vasito es el del yogur)
- 3 cucharadas de azúcar
- 4 cucharadas de harina

- 3 huevos
- Las frutas que queramos
- 1 cucharadita pequeña de sal
- 1 sobre de levadura

Elaboración

Vamos a empezar preparando los moldes que utilizaremos para hornear los bizcochos. Mojamos una servilleta en aceite y untamos el interior de los moldes. Luego, espolvoreamos un poquito de harina. Así, evitaremos que se pegue la masa cuando vayamos a hacer bizcocho.

Para preparar la masa, separamos las yemas de los huevos y las echamos en un recipiente. Las batimos y les añadimos el azúcar y la sal. Añadimos el yogur y seguimos batiendo para que quede una masa uniforme. Luego, echamos el aceite. No dejamos de batir en ningún momento para que la masa no pierda homogeneidad. En un recipiente aparte mezclamos la harina y la levadura y luego la incorporamos, poco a poco, a la masa de nuestros bizcochos.

Pelamos y limpiamos las frutas que vayamos a utilizar en los bizcochos y la picamos en trocitos muy pequeños.

Vertemos un poco de masa en cada uno de los moldes que hemos preparado, más o menos hasta la mitad. Colocamos los trocitos pequeños de fruta que hemos preparado y añadimos un poco más de masa hasta cubrirlos.

Metemos todos los moldes en el horno, que habremos precalentado a 170 grados. Lo normal es dejarlos durante media hora, aunque yo suelo hacer la prueba de la aguja: pincho los bizcochos con una aguja de punto y, cuando veo que la aguja sale seca, es que ya están listos por dentro.

Ensalada de endibias y pollo

PRECIO 4,20 €

Ingredientes para 4 personas

- 2 pechugas de pollo
- 2 endibias
- 4 hojas de lechuga
- 4 hojas de lechuga morada
- 1 tomate

- 1 cucharadita de alcaparras
- 2 cucharaditas de mostaza
- Pimienta negra molida
- Aceite, vinagre, sal

Elaboración

Lavamos las hojas de lechuga con agua tibia y las secamos. Las cortamos en láminas y las dejamos en un recipiente.

Pelamos el tomate, lo cortamos en láminas y lo dejamos en otro recipiente. Lavamos las hojas de lechuga morada y las dejamos secar en otro recipiente. Lavamos las endibias y las dejamos listas para adornar nuestro plato.

Quitamos la piel a las pechugas de pollo y las limpiamos bien. Las fileteamos y añadimos sal y pimienta al gusto. Ponemos una sartén al fuego con un poco de aceite. Cuando esté caliente, echamos las pechugas de pollo y las freímos.

Mientras se hacen las pechugas, cogemos una fuente grande y colocamos la lechuga en el fondo. Distribuimos las láminas de tomate por todo el contorno de la fuente. Adornamos con las hojas de lechuga morada y alternamos con las endibias. Cuando la pechuga de pollo esté lista, la colocaremos sobre la base de lechuga.

Para hacer la vinagreta, echamos seis cucharadas de aceite, una de vinagre, dos cucharaditas de mostaza, una cucharadita de alcaparras y una pizca de sal en un recipiente. Mezclamos todo bien hasta obtener una salsa homogénea. Luego la utilizamos para aliñar la ensalada.

Carré de cerdo a la miel

PRECIO
7,45 €

Ingredientes para 4 personas

- 1 kg de carré de cerdo
- 1 lata de paté
- 3 cebollas
- 2 zanahorias
- 5 dientes de ajo
- 2 vasos de vino blanco
- 2 cucharadas de miel

- 1 vaso de salsa de tomate
- 2 ramas de tomillo
- 2 ramas de romero
- Agua
- Aceite virgen extra
- Sal
- Pimienta

Elaboración

Vamos a empezar preparando las verduras que utilizaremos en esta receta. Pelamos las zanahorias, los ajos y las cebollas, y las picamos en trocitos muy pequeños. Lo reservamos para luego.

Para preparar este plato de carré tenemos que despegar la carne de las costillas. Lo haremos con mucho cuidado, sin cortarlo del todo. Iremos retirando la carne hasta que las costillas queden limpias. No obstante, si este paso resultase complicado, en el momento de comprarlo, podemos pedirle a nuestro carnicero que nos lo deje ya preparado.

Echamos la sal y la pimienta en el interior del carré y lo rellenamos con el paté. Con una red para horno, lo atamos para que quede bien cerrado y lo colocamos sobre una bandeja que meteremos en el horno. Encima del carré ponemos las verduras que hemos picado y que tenemos apartadas.

Picamos también las ramas de tomillo y de romero y lo espolvorearemos por encima del carré de cerdo. Añadimos sal y pimienta al gusto, vino y agua.

Calentamos el horno a 180 grados y, cuando esté listo, metemos la bandeja con el carré. La dejamos 40 minutos.

Pasado este tiempo, retiramos las verduras que hemos colocado sobre el carré y las pasamos a una cazuela con un poco de aceite que habremos puesto en el fuego. Añadimos la salsa de tomate y la miel, mezclándolo todo bien con una pala de madera y dejando que vaya espesándose a fuego lento. Luego, la pasamos por la batidora y la picamos bien para que quede una salsa homogénea, sin grumos.

Para presentar este plato, cortamos el carré en filetes y los colocamos en una bandeja. Vertemos algo de salsa sobre los filetes y ponemos la restante en una salsera, que también presentaremos en la mesa. Podemos acompañar de verduras o arroz.

Flan de huevo

PRECIO
1,70 €

Ingredientes para 4 personas

- 600 ml de leche
- 5 huevos
- 125 g de azúcar

Elaboración

Echamos cinco huevos en un recipiente grande y los batimos. Es muy importante que mezclemos muy bien las yemas con las claras, porque será la base de nuestro flan. Luego, añadimos la leche y el azúcar (no echaremos todo el azúcar, reservaremos un poco, al menos cuatro cucharadas, para hacer el caramelo). Lo añadiremos poco a poco, sin dejar de batir. Al final, debemos tener una mezcla con el mismo color que el flan.

Ponemos una cacerola pequeña al fuego y añadimos el azúcar que habíamos reservado. Lo calentamos a fuego lento y dejamos que el azúcar se vaya derritiendo y convirtiendo en caramelo. Cuando esté listo, volcamos el caramelo en una flanera. Añadimos la mezcla a la flanera y la colocamos dentro de un recipiente grande con agua. Precalentamos el horno a 150 grados y metemos los dos recipientes en el horno. Lo dejamos durante 40 minutos. A este tipo de horneado se le conoce como baño maría.

Transcurrido este tiempo, pincharemos el flan con un cuchillo. El flan estará listo cuando salga más o menos limpio. Si aún no lo estuviese, volveremos a meterlo en el horno y repetimos la prueba en 5 minutos. Cuando el flan esté listo (cuajado), lo sacamos del horno y lo dejamos enfriar en la encimera.

Ahora viene la parte más arriesgada: emplatar el flan. Cogemos un plato grande, con algo de fondo, y lo colocamos (bocabajo) sobre la flanera. Con mucho cuidado, pero con firmeza, le damos la vuelta al conjunto para que el flan salga del molde y se deslice hasta el plato. Es muy posible que gotee líquido. No pasa nada. Es normal. Todos los flanes lo hacen. Limpiamos la fuente y lo presentamos. Podemos decorarlo con un poco de nata montada.

Palmeritas de hojaldre

Ingredientes para 4 personas

- 250 g de hojaldre en una lámina
- 4 cucharadas de azúcar fina

Elaboración

Extendemos la lámina de hojaldre sobre una superficie plana y la espolvoreamos de azúcar. Doblamos ambos laterales hasta el centro de la lámina de hojaldre y, con la ayuda de un rodillo, apretamos bien el hojaldre, para fijar bien el azúcar a la masa.

Volvemos a espolvorear azúcar, doblar los dos laterales de la lámina hasta el centro y pasar el rodillo. Repetimos esta operación varias veces hasta que tengamos una especie de cilindro de pasta de hojaldre.

Lo rociamos una última vez con azúcar y cortamos láminas de 1 cm de grosor. No deben parecernos estrechas, porque luego la masa subirá en el horno. Las vamos colocando en una bandeja para horno, sin ponerlas muy juntas, y las aplastamos un poco con un cuchillo ancho, o con el rodillo, para darles forma.

El horno lo habremos precalentado a 200 grados. Metemos la bandeja en el horno y dejamos las palmeritas 10 minutos. Transcurrido este tiempo, sacamos la bandeja y damos la vuelta a las palmeritas con la ayuda de una pala de madera. Volvemos a meter la bandeja 2 minutos más en el horno y ¡listas!

Las palmeritas se pueden presentar recién horneadas o podemos fundir algo de chocolate y bañarlas. En este caso, tendremos que dejar enfriar el chocolate antes de comerlas.

GULAS DE SURIMI AL AJILLO

PRECIO
2,25 €

INGREDIENTES PARA 4 PERSONAS

- 14 palitos de cangrejo
- 2 dientes de ajo
- Aceite
- Sal

ELABORACIÓN

Para hacer esta receta debemos tener paciencia. Una vez descongeladas las barritas de cangrejo, tenemos que arrancarles las hebras. Es lo único complicado que tiene la elaboración de este plato. Es la parte más tediosa. Una vez sacadas las hebras, se tarda muy poco en tener listo el resto del plato.

Cuando ya están listas las hebras, pelamos los ajos y lo cortamos en finas láminas. Ponemos al fuego una sartén con un poquito aceite y doramos los ajos. A continuación, añadimos las hebras de pescado, ponemos un poquito de sal y rehogamos durante unos minutos. Se debe remover con una pala de madera para que no se queden pegados a la sartén. De todas formas, no debemos preocuparnos si se pegan un poquito porque así quedarán más crujientes.

Luego, vertemos el contenido de la sartén en una cazuelita de barro. A mis nietos no les gusta el ajo, aunque sí el sabor que da a los platos. El pequeño ni siquiera es capaz de comer un plato si ve que tiene ajo. Por eso, los pongo en forma de lámina, para que resulte fácil apartarlos.

Codillo asado con puré de manzana

PRECIO
9,05 €

Ingredientes para 4 personas

- 2 codillos de cerdo
- 1 puerro
- 1 cebolla
- 3 dientes de ajo
- 4 tomatitos cherry
- 1 vaso de vino blanco
- Agua
- Sal

- Pimienta negra
- Perejil

Para el puré de manzana:
- 75 g de azúcar
- 4 manzanas reineta
- Agua

Elaboración

Vamos a empezar por los codillos. Echamos agua, los codillos y perejil en una olla rápida y, antes de ponerla al fuego, añadimos sal y pimienta al gusto. Luego la cerramos y la ponemos a calentar. Esperamos a que empiece a salir el vapor y, cuando lo haga, dejamos que se cuezan los ingredientes durante media hora.

Mientras se hace el codillo, lavamos bien el puerro, y lo cortamos a juliana. Pelamos las cebollas y los ajos y los preparamos de la misma manera. Forramos una bandeja de horno con papel de aluminio y colocamos sobre ella las láminas de verduras que acabamos de preparar. Cuando los codillos estén listos, los sacamos de la olla y los colocamos sobre la bandeja de horno. Les echamos el vino por encima, espolvoreamos con la pimienta negra que previamente hemos molido y metemos en el horno, que estará a 200 grados, durante media hora.

Mientras se hornea el codillo, preparamos el puré de manzana. Ponemos una cazuela al fuego y echamos el azúcar. Lo dejamos a fuego lento para que se vaya convirtiendo en caramelo. Mientras, pelamos las manzanas y las cortamos en trocitos. Añadimos agua hasta cubrir el contenido de la cazuela y dejamos que cueza durante 30 minutos. Cuando esté listo, lo pasamos por la batidora para convertirlo en puré.

Cuando los codillos hayan terminado de hornearse, los pasamos a una fuente y los acompañamos del puré de manzana y los tomatitos cherry. A mis hijos les gusta que sirva también la cebolla y el puerro acompañando al codillo. Otra opción más tradicional es acompañarlo de puré de patata y chucrut.

A la hora de preparar este plato debemos tener en cuenta que la carne de cerdo suele menguar cuando se asa o cuando se fríe. Puede llegar a perder hasta un tercio de su peso. Hay que tener en cuenta este hecho cuando calculemos la cantidad de carne que necesitaremos para este plato.

HOJALDRE DE PLÁTANOS

PRECIO
2,10 €

INGREDIENTES PARA 4 PERSONAS

- 1 lámina de hojaldre
- 5 plátanos maduros
- 2 cucharadas colmadas de azúcar

ELABORACIÓN

Es uno de los postres más fáciles que hay y que más gustan a mis nietos.

Cogemos un molde redondo para horno, la cubrimos con papel de horno y colocamos, sobre el, la plancha de hojaldre. Con un tenedor pinchamos toda la superficie de la plancha, dejando un borde de 2 o 3 cm para que el hojaldre pueda subir.

Pelamos los plátanos maduros y los cortamos en láminas. Colocamos estas láminas sobre la superficie del hojaldre hasta que lo cubramos todo. Todo, menos los 2 o 3 centímetros de borde que hemos dejado.

Precalentamos el horno a 200 grados y, antes de meter la bandeja, espolvoreamos los plátanos con el azúcar. Dejamos la bandeja dentro del horno unos 20 minutos aproximadamente. Luego, la sacamos y la dejamos enfriar al aire. Para servirla, la cortamos en porciones.

ACELGAS REHOGADAS CON AJO

PRECIO
2,15 €

INGREDIENTES PARA 4 PERSONAS

- 2 manojos de acelgas
- 2 dientes de ajo
- Pimentón dulce

- Aceite
- 3 vasos de agua
- Sal

ELABORACIÓN

Lavamos bien las acelgas y quitamos las hebras de la parte blanca de la hoja con un cuchillo. Luego las troceamos, las volvemos a lavar bien y las dejamos en el escurridor.

Ponemos una olla al fuego, con tres vasos de agua y una pizca de sal. Añadimos las acelgas y tapamos. La vamos a dejar a fuego medio hasta que empiece a girar la válvula de la olla. Entonces, bajamos el fuego y dejamos cocer 10 minutos. Cuando esté listo, escurrimos las acelgas.

Ahora, pelamos los dos dientes de ajo y los laminamos. Ponemos la olla al fuego con un poquito de aceite, y echamos los ajos. Les daremos vueltas con una pala de madera hasta que empiecen a estar doraditos. Añadimos una cucharadita de pimentón, damos vueltas con nuestra pala de madera y añadimos las acelgas.

Lo dejamos un rato al fuego, removiendo de vez en cuando, y servimos cuando estén rehogadas. Si nos gusta, podemos añadirlas una gotas de limón.

Dependiendo del segundo plato (de lo contundente que sea), a veces añado a la cocción de las acelgas un par de patatas (en trozos) y un par de zanahorias (en juliana) y sigo el mismo proceso explicado más arriba.

Escalopines de pavo con tortitas de verduras

PRECIO
8,85 €

Ingredientes para 4 personas

- 8 filetes de pavo
- 200 g de queso (del que más nos guste)
- 4 huevos
- 1-2 puerros
- 6 espárragos verdes
- 12 ajos frescos
- 1 diente de ajo
- Aceite, sal, pimienta y perejil

Para rebozar:

- Harina
- Huevo batido
- Pan rallado

Elaboración

Empezamos preparando la verdura. Lavamos los puerros y los picamos en juliana (en rodajas finas). Hacemos lo mismo con los ajos frescos y con los espárragos. Ponemos una sartén al fuego con un poco de aceite y una pizca de sal. Cuando el aceite esté caliente, echamos las verduras que acabamos de cortar y las removemos hasta que se doren. Entonces, las retiramos de la sartén y las escurrimos para que suelten todo el aceite. Por otro lado, extendemos los filetes de pavo sobre una tabla de madera y los aplastamos con el rodillo. También podemos utilizar un martillo de cocina pero hemos de tener cuidado de no romper los filetes. Luego, añadiremos sal y pimienta al gusto. Cortamos el queso en lonchas finas y los colocamos entre dos filetes de pavo. Es decir, tendremos un sándwich donde las dos tapas serán los filetes y el interior será el queso. El tipo de queso a utilizar en esta receta depende un poco de los gustos familiares, admite tanto de sandwich, como cheddar, semicurado, etc.

Preparamos tres platos, uno con harina, otro con huevo batido y el último con pan rallado. Cogemos nuestros sándwiches y los embadurnamos en harina, los empapamos huevo y los enterramos en el pan rallado. Ponemos una sartén al fuego con aceite y, cuando coja temperatura, metemos los sándwiches y los freímos. Cuando se dore una cara, les damos la vuelta para que se dore la otra. Luego, los retiramos y los colocamos sobre un plato con papel de cocina. El papel de cocina absorberá todo el aceite sobrante.

Cogemos los huevos y separamos las yemas de las claras. Batimos estas últimas con varillas hasta que se monten un poco. Añadimos las verduras y un pellizco de sal, seguimos mezclando. Separamos la masa en cuatro partes. Las freímos en una sartén que habremos puesto al fuego con una pizca de aceite (el suficiente para que no se peguen las tortitas). Cuando estén fritas, las retiramos y las colocamos sobre papel de cocina.

Mientras freímos las masas, lavamos y picamos perejil y pelamos y picamos un diente de ajo. Los añadimos a las yemas y lo mezclamos bien. Para terminar, servimos los escalopines acompañados de las tortitas y un poco de nuestra salsa de yemas.

Dulce de frutas

PRECIO
1,85 €

Ingredientes para 4 personas

- Una pera
- Un plátano
- Un melocotón
- Leche condensada
- Azúcar

Elaboración

Vamos a ver otro postre muy fácil de utilizar y que encanta a los niños.

Pelamos las frutas y las cortamos en trocitos. Las colocamos en un plato hondo, o en una fuente, y echamos azúcar por encima. Añadimos también un poquito de leche condensada. Lo metemos en el frigorífico durante unas horas para que esté listo para servir como postre de nuestra comida.

FALSO PATÉ DE CENTOLLO

PRECIO
4,50 €

INGREDIENTES PARA 4 PERSONAS

- 1 lata de mejillones al natural
- 1 lata de anchoas en aceite
- 10 palitos de surimi de cangrejo
- 50 g de huevas de merluza cocidas
- 2 cucharadas de mayonesa al aceite de oliva
- 1 chorrito de vino blanco seco
- 1 cebolla blanca dulce

ELABORACIÓN

En esta receta vamos a elaborar un paté que imita al de centollo. Abrimos las latas de mejillones y de anchoas y les quitamos el líquido. Volcamos el contenido en un colador y lo ponemos debajo del grifo para limpiar los ingredientes y quitarles el sabor a lata. Si las anchoas son muy saladas, las podemos dejar unos segundos más debajo del grifo. Quitamos la telilla que suelen traer las huevas cocidas.

Cogemos la batidora y, en el vaso, echamos los mejillones, las anchoas, las huevas y seis palitos de cangrejo. Pelamos la cebolla y la añadimos. Trituramos los ingredientes con la batidora hasta dejarlos como una pasta homogénea. A continuación, echamos el vino y la mayonesa y volvemos a mezclar con la batidora. Ahora nos queda una pasta más parecida al paté.

Por otro lado, cortamos los palitos de cangrejo en trozos muy finos y pequeños y los añadimos al paté. Lo mezclamos bien porque la idea es que estos trocitos de cangrejo imiten la textura del paté de centollo.

Conejo con salsa de soja y verduras al dente

PRECIO
8,35 €

Ingredientes para 4 personas

- 1 conejo troceado
- 8 chalotas
- 8 patatas pequeñas
- 2 zanahorias

- 100 g de almendra tostada
- 2 cucharadas de salsa de soja
- Agua
- Aceite, sal, pimienta y perejil

Elaboración

Vamos a empezar preparando las verduras. Pelamos las patatas y las zanahorias y las cortamos en trozos pequeños. Ponemos una cazuela con agua al fuego y le añadimos una pizca de sal. Vertemos dentro las verduras que acabamos de picar y las dejamos al fuego durante 15 minutos. Cuando estén tiernas, las volcamos sobre un escurridor y dejamos que suelten toda el agua.

Ponemos una sartén al fuego con un poco de aceite. El fuego estará muy suave. Quitamos la piel a las chalotas y las echamos en la sartén. Las freímos durante 15 minutos. Cuando veamos que se doran por un lado, les daremos la vuelta. Cuando estén listas, las sacamos de la sartén y las colocamos en un plato.

Echamos en esta misma sartén las patatas y las zanahorias que estaban escurriéndose y las salteamos un poco. Luego, volveremos a echar las chalotas a la sartén para cocinarlo todo junto y que se mezclen los sabores. Ya tenemos lista la guarnición. Vamos ahora con el plato principal. Ponemos una cazuela al fuego con un poco de aceite. Lavamos y secamos el conejo, añadimos sal y pimienta, la echamos a la cazuela durante 15 minutos. Luego, añadiremos las almendras tostadas y la salsa de soja, removiendo todo bien con una pala de madera.

Para presentar el plato, colocaremos el conejo en una fuente y echaremos por encima un poco de perejil fresco recién picado. La guarnición la presentaremos en una fuente aparte.

Mousse de limón

PRECIO
1,45 €

Ingredientes para 4 personas

- 150 g de leche condensada
- 2 claras de huevo
- 100 ml de agua

- 2 limones
- 3 hojas de gelatina

Elaboración

Colocamos un poco de agua (unos 50 ml) en un recipiente y metemos las hojas de gelatina. Las dejamos hasta que se hidraten. Cuando vemos que la gelatina está blanda, añadimos un poco de agua caliente (los otros 50 ml) para diluirla.

Cogemos dos limones, los cortamos por la mitad y los exprimimos. Como no queremos que el zumo tenga pulpa, lo colamos y nos quedamos solo con el líquido. Luego, rallamos la piel de una de las mitades de un limón. Echamos en un recipiente el zumo de los limones, la ralladura de limón y la leche condensada. Utilizamos las varillas para batir esta mezcla y darle consistencia. Añadimos la gelatina diluida y mezclamos todo muy bien. Debemos ser finos en esta parte porque no queremos que la *mousse* tenga grumos.

En un recipiente echamos las dos claras de huevo y batimos con las varillas hasta alcanzar el punto de nieve. Añadimos las claras a la crema que acabamos de preparar. Mezclamos todo de nuevo con movimientos circulares. De nuevo, queremos que la base quede consistente.

Vertemos el contenido en las copas y las metemos en el frigorífico toda la tarde hasta que cuajen (aproximadamente tres horas). Podemos decorarlos con un poco de mermelada, sirope o algo de fruta.

TARTAR DE SALMÓN

PRECIO
4,70 €

INGREDIENTES PARA 4 PERSONAS

- 200 g de salmón
- 1 tomate
- 1 cebolla
- 1 limón
- 6 aceitunas verdes
- 6 pepinillos en vinagre
- 6 cebolletas en vinagre

- Alcaparras
- 2 cucharadas de aceite de oliva
- 2 cucharadas pequeñas de vinagre
- Sal
- Perejil
- Pimienta

ELABORACIÓN

Picamos muy finamente el tomate, la cebolla, las aceitunas, los pepinillos, las cebolletas y las alcaparras. Por otro lado, lavamos bien el salmón, lo salpimentamos y lo troceamos también en taquitos más bien pequeños (no tanto como el resto de ingredientes, pero también menudo). Lo mezclamos todo en un bol.

Para el aliño, exprimimos el limón y a ese zumo le añadimos el vinagre, el aceite y un poco de perejil picado pequeñito. Lo removemos y lo volcamos sobre el bol con el salmón y lo dejamos reposar unos diez minutos.

Al emplatarlo, lo acompañamos de un poco de rúcula o algún otro tipo de brote verde y unas tostas de pan.

REDONDO DE CERDO

PRECIO
6,50 €

INGREDIENTES PARA 4 PERSONAS

- 1 redondo de cerdo para 4 personas
- 1 cebolla
- 1 puerro
- 1 ajo
- 1 vaso de vino blanco
- Sal
- Pimienta
- Aceite

ELABORACIÓN

Ponemos una cacerola al fuego con un poco de aceite y añadimos el redondo ya salpimentado. Dejamos que se dore por las dos caras y lo retiramos.

Pelamos la cebolla y el ajo y los cortamos en trocitos. Lavamos el puerro y lo cortamos en juliana (en tiras finitas). Añadimos estos ingredientes a la cacerola y los doramos al fuego. No debemos parar de remover con una pala de madera. Cuando las verduras hayan pochado, añadimos el redondo al sofrito, y regamos todo con el vaso de vino. Tapamos la cacerola para que el guiso aproveche bien el calor y lo dejamos un par de horas a fuego lento.

Transcurrido ese tiempo, ponemos el redondo en una fuente para horno, pasamos la salsa por el chino y la añadimos a la fuente.

Metemos la fuente al horno y ponemos el grill. Lo dejamos 15 minutos para que coja color, sin olvidarnos de darle la vuelta, por lo menos, una vez, para que se doren las dos caras por igual.

Cuando esté listo, cortamos el redondo en filetes y lo servimos en su salsa.

Pastel de pescado

PRECIO
5,15 €

Ingredientes para 4 personas

- 500 g de pescadilla
  (o cualquier pescado blanco)
- 3 huevos
- 1 vaso de salsa de tomate
- 1 trozo de pan
- Leche
- Mantequilla

- 1 puerro
- 1 zanahoria
- 1 patata
- 1 pimiento verde
- 1 diente de ajo
- Sal

Elaboración

Por un lado, ponemos en un plato hondo un poco de leche y el trozo de pan para que se empape bien (con un vaso de leche probablemente será suficiente, pero vaya tanteando hasta que quede bien empapado el pan).

Por otro lado, hervimos el pescado junto con todas las verduras y una pizca de sal. Cuando esté cocido, limpiamos el pescado y lo hacemos migas en un bol. Añadimos el pan empapado en leche, las tres yemas de los huevos (las claras las reservamos) y la salsa de tomate. A continuación, añadimos las claras batidas a punto de nieve y mezclamos suavemente.

Volcamos toda la mezcla en un recipiente, que resista calor y que abremos untado previamente con un poquito de mantequilla. Metemos en el horno, que ya habremos precalentado, a 180 grados durante 45 minutos aproximadamente. Esto de los tiempos es siempre relativo, varía en función del horno y la mezcla; por eso, lo mejor es ir pinchando con un tenedor y retirar cuando esté cuajado.

Para servir, lo desmoldamos y cortamos en porciones. En casa lo sirvo con mayonesa o salsa rosa y suelo acompañarlo de un poquito de ensalada verde.

Helado de yogur natural, con tres ingredientes

PRECIO
1,75 €

Ingredientes para 4 personas

- 4 yogures naturales o de frutas sin azúcar
- 500 ml de nata para montar
- 100 g de azúcar

Elaboración

Volcamos los yogures en un recipiente y los removemos con las varillas de batir para que queden cremosos. En otro recipiente, montamos la nata utilizando estas mismas varillas. La nata debe estar muy fría. Añadimos también azúcar y removemos hasta que quede bien espesa.

Volcamos la nata en el recipiente de los yogures y mezclamos con las varillas para que quede una base consistente. Metemos en el congelador y nos acordaremos de removerlo cada hora. Así, evitaremos que se convierta en un bloque helado.

A mis nietos les encanta este postre con un poco de miel, trocitos de fruta y un poquito de frutos secos.

ARROZ A LA CUBANA

PRECIO
2,30 €

INGREDIENTES PARA 4 PERSONAS

- 600 g de arroz
- 4 vasos de agua
- 4 plátanos
- 4 huevos

- 1 diente de ajo
- 4 cucharadas de tomate frito
- Aceite
- Sal y perejil

ELABORACIÓN

Ponemos una cacerola al fuego, con cuatro vasos de agua, una pizca de sal, una ramita de perejil y un diente de ajo, que habremos pelado previamente.

Esperamos a que el agua hierva, añadiremos el arroz y lo dejaremos unos 15 minutos hasta que se ablande. Tendremos que darle vueltas de vez en cuando con una pala de madera para que no se apelmace. Antes de que se quede blando y como una pasta, lo sacaremos del agua y lo escurriremos. Yo le doy un toquecito de agua fría. Rellenamos una taza de arroz, lo apretaremos bien para que quede consistente y volcaremos la taza en el plato. Al retirar la taza, el arroz quedará "como una montaña", como dice mi nieto el pequeño.

Ponemos una sartén al fuego con aceite (que cubra al menos un dedo). Cuando esté caliente, echaremos un huevo con cuidado de no romperlo. Para que se haga bien por todos lados, utilizaremos una espumadera para echarle aceite caliente por arriba. Cuando el huevo está hecho, lo sacamos y colocamos cada uno en cada uno de los platos en los que hemos ido colocando nuestras "montañas" de arroz. Aprovechando el aceite caliente, pelamos los plátanos, los cortamos por la mitad a lo largo y los echamos a la sartén. Los dejaremos hasta que se doren.

Añadimos la salsa de tomate frito y dos mitades de plátano por cada plato que vayamos a servir.

Papillote de merluza

PRECIO
8,70 €

Ingredientes para 4 personas

- 4 trozos de merluza
- 2 puerros
- 2 zanahorias
- 1 calabacín
- Aceite de oliva
- Sal
- Pimienta

Elaboración

El papillote es una técnica culinaria que consiste en la cocción de los alimentos en el horno envueltos en papel de aluminio. Se emplea muy a menudo con pescados. Para este papillote en cuestión, hemos elegido merluza pero nos serviría igualmente cualquier pescado blanco.

Lavamos bien todas las verduras y las troceamos en juliana (en tiras finitas). Cortamos cuatro trozos de papel de aluminio y repartimos la verdura entre ellos. Les echamos sal y un chorrito de aceite de oliva. Sobre estas camitas de verdura, colocamos un trozo o ración de merluza en cada una de ellas. Salpimentamos el pescado y echamos unas gotitas de aceite.

A continuación, colocamos otro trozo de papel de aluminio encima y cerramos cada paquetito como si fuese una empanada. Es importante cerrarlos muy bien para que la cocción quede bien.

Precalentamos el horno y metemos nuestros paquetitos, que horneamos durante 10 minutos a 220 grados. A la hora de abrirlos, hay que extremar las precauciones debido a que el vapor que salga puede quemarnos.

Miel sobre hojuelas

PRECIO
2,60 €

Ingredientes para 4 personas

- 2 huevos
- 1 copa de cazalla o anís seco
- 200 g de harina

- 400 g de miel de romero
- Aceite de girasol

Elaboración

Cogemos un recipiente y echamos en él los huevos. Añadimos una copita de anís y otra de aceite de girasol. Batimos con las varillas y vamos incorporando harina, poco a poco. Tenemos que conseguir una masa homogénea. Cuando la tengamos, la amasaremos durante 5-10 minutos.

Para hacer las flores, sobre las que luego echaremos la miel, cogemos una cucharada de la masa y la colocamos en la superficie con harina. Aplastamos la masa con el rodillo, al que también habremos añadido harina para que no se pegue la masa de nuestra flor. Tenemos que conseguir que la masa quede lo más fina posible. Yo suelo ayudarme con los dedos para estirar la masa por los bordes. Ponemos al fuego una sartén con mucho aceite y lo calentamos. Cuando el aceite esté caliente echamos la masa en la sartén. Con un palo y una espátula, iremos enrollando la masa para formar la flor. Cuando esté lista, la sacamos, y la colocamos encima de un plato con papel absorbente de cocina, así conseguiremos que el papel absorba todo el aceite sobrante. Tenemos que repetir estos pasos hasta que hagamos todas las flores que puedan salir de la masa.

Servimos las flores en un plato rociadas con miel.

Recetas de casa

Menús de otoño-invierno

PURÉ DE VERDURAS

PRECIO
2,95 €

INGREDIENTES PARA 4 PERSONAS

- 1 manojo de espinacas
- 3 puerros
- 3 zanahorias
- 300 g de calabaza
- 1 calabacín

- 2 patatas
- Aceite de oliva
- Sal
- Pimienta (opcional)
- Perejil

ELABORACIÓN

Limpiamos las verduras con agua y las troceamos. A las espinacas les quitamos el tallo, las lavamos y las escurrimos bien.

Echamos toda la verdura, excepto las espinacas, en la olla para cocerlas. Cuando comiencen a ablandarse, añadimos las espinacas (se echan más tarde porque al ser hojas necesitan menos tiempo de cocción).

Cuando esté todo cocido, lo escurrimos y echamos todos estos ingredientes en un recipiente. Añadimos una pizca de sal, un chorro de aceite y lo pasamos por la batidora hasta tener un puré suave y homogéneo.

Luego, echamos todo en una cazuela y lo calentamos a fuego medio. A mí, aquí, me gusta probar el punto de sal, porque aún estoy a tiempo de corregirlo. Por último, lo servimos adornado con un poquito de perejil que habremos machacado previamente.

Conejo ahogado

PRECIO
4,95 €

Ingredientes para 4 personas

- 1 conejo troceado
- 1 cabeza de ajos
- 1 ramita de romero
- 1 ramita de tomillo
- Pimienta negra
- Aceite
- Sal
- Perejil

Elaboración

Lavamos bien el conejo. Cogemos los ajos, los pelamos y los colocamos en una cazuela, junto con los trozos del conejo. Les añadimos perejil, romero, tomillo, una pizca de sal, el aceite y un poco de pimienta negra.

Tapamos la cazuela y la colocamos en el fuego más pequeño, con la llama al mínimo. Veremos que el conejo empieza a soltar un poco de agua. Vamos a dejarlo así hasta que esta agua se ligue con el aceite. No tenemos que remover la comida, solo moverla un poco de vez en cuando para que no se pegue. Queremos que el plato quede cocido, pero que no se queme.

Pudin de pan

PRECIO
3,70 €

Ingredientes para 4 personas

- 500 g de pan
- 500 ml de leche
- 6 huevos
- 300 g de azúcar (mitad para el caramelo, mitad para la preparación)
- 100 g de crema de leche
- 1 limón
- Esencia de vainilla al gusto

Elaboración

Añadimos 150 g de azúcar en una pudinera o flanera y la calentamos al fuego o en la vitro hasta que tome punto y se convierta en caramelo.

Por otro lado, quitamos la corteza del pan y lo cortamos en taquitos.

Mientras, calentamos la leche junto con la crema de leche, le añadimos el azúcar y la esencia de vainilla.

Rallamos un poco de limón y lo agregamos a la leche tibia, junto con el pan cortado. Luego, lo licuamos todo.

Cogemos los huevos y los batimos. Luego, los añadimos a la mezcla que tenemos de pan y leche. Por último, vertemos toda la preparación en el molde con el caramelo que preparamos al principio.

Ponemos nuestra mezcla al baño maría, en un horno mediano, durante una hora. Pasado este tiempo, lo sacamos y lo dejamos enfriar. Cuando esté tibio, lo sacamos del molde.

Ratatouille

PRECIO
6,95 €

INGREDIENTES PARA 4 PERSONAS

- 4 berenjenas
- 2 calabacines
- 1 cebolla mediana muy picadas
- 2 pimientos rojos
- 2 pimientos verdes
- 2 tomates maduros muy picados
- 4 dientes de ajo muy picados
- 1 hoja de laurel
- 2 cucharadas soperas de tomate frito
- Queso rallado
- Orégano
- Tomillo
- Aceite
- Sal y pimienta molida

ELABORACIÓN

Cogemos una sartén y la ponemos al fuego con tres cucharadas de aceite de oliva. Cuando el aceite coja temperatura, añadimos el ajo y una cebolla. Removemos hasta que la cebolla adquiera ese tono transparente. Entonces, añadimos el tomate picado a la sartén. Damos vueltas a la mezcla con una cuchara de madera para no rayar la sartén. Cuando vaya tomando temperatura, añadimos la hoja de laurel y dos cucharadas soperas de tomate frito. Seguimos removiendo durante otros cinco minutos.

Mientras se hace la salsa, vamos cortando las verduras en rodajas. Así, cuando la salsa esté lista, la volcamos en una fuente para horno y la cubrimos con las láminas de verdura que acabamos de cortar. Luego, echamos aceite por encima, una pizca de sal, orégano, tomillo y pimienta molida, y lo metemos todo en el horno a 180 grados durante 40 o 45 minutos.

Cuando lo saquemos del horno, espolvoreamos un poco de queso rallado por encima.

CROQUETAS DE JAMÓN Y POLLO

PRECIO
4,45 €

INGREDIENTES PARA 4 PERSONAS

- 2 tazas de caldo de pollo casero
- 1 taza de leche entera
- 1 taza de harina normal
- Un puñado de jamón serrano bien picado
- Un puñado del pollo del caldo, en trocitos pequeños
- 1 cebolla
- 2 huevos
- Pan rallado
- Aceite de oliva
- Sal
- Pimienta o nuez moscada

Para el caldo:

- Pollo
- Hueso de jamón salado
- Zanahoria
- Pimiento
- Apio
- Cebolla
- Agua
- Sal

muermo mix

ELABORACIÓN

Para elaborar el caldo, cogemos todos los ingredientes, los echamos en una olla con agua y lo dejamos hirviendo durante una hora. Transcurrido ese tiempo, lo colamos para quedarnos con el caldo.

Luego nos ponemos con las croquetas. Cogemos una sartén honda y antiadherente. Le echamos un buen chorro de aceite y la ponemos a calentar. Añadimos la cebolla muy picada y la ponemos a fuego lento, hasta que quede transparente. Añadimos las dos tazas de caldo, una de leche, y la harina. La harina se tiene que echar poco a poco, mientras movemos la mezcla para que no se formen grumos. Finalmente, añadimos los taquitos de jamón y los trocitos de pollo.

Debemos seguir removiendo la mezcla con la cuchara de madera, a fuego lento, hasta que veamos que la masa queda consistente. Añadimos un poco de pimienta o nuez moscada (al gusto) y revisamos el punto de sal: todavía no hemos echado sal pero los tacos de jamón han podido hacer el mismo efecto, por eso es mejor probar antes de echar sal. Retiramos la mezcla del fuego cuando podamos levantar la masa con facilidad, sin que se quede pegada al fondo. Si vemos que está muy líquida, añadiremos un poco más de harina. Si está muy espesa, añadiremos un poco de leche.

Cuando la masa esté hecha, la volcamos en una fuente y la extendemos muy bien. La dejamos sobre la encimera de la cocina durante una hora para que pierda calor. Luego, la metemos en la nevera durante un par de horas. Así conseguimos que la masa se compacte y se espese.

Mientras, batimos dos huevos en un plato hondo. En otro plato similar echamos pan rallado.

Con un tenedor, cogemos un poco de la masa de las croquetas y le damos forma con las manos. Luego, la empapamos bien en los huevos batidos y, con el tenedor, la levantamos con cuidado para que la croqueta chorree el exceso de huevo. La dejamos en el plato con el pan rallado.

Para evitar que las croquetas se peguen a las manos, cogemos un puñado de pan rallado en cada mano y ponemos la croqueta en medio. Así podemos empanarla y darle forma sin que se quede pegada en los dedos. Luego, las dejamos en el plato. Cuando terminamos de empanar todas las croquetas, las metemos una hora más en la nevera.

Cogemos ahora la sartén y vertemos abundante aceite. La ponemos al fuego y esperamos a que el aceite esté bien caliente. Entonces metemos 4 o 5 croquetas a la vez. No metemos más croquetas porque no queremos que el aceite pierda temperatura. Las dejamos en el fuego durante un minuto aproximadamente, porque queremos que se doren, no que se quemen. Utilizando una pala de madera les damos la vuelta para que se doren por todos sus lados. Cuando estén hechas, las sacamos de la sartén y las dejamos en un plato, sobre un papel de cocina. El papel se encargará de absorber todo el aceite sobrante y las croquetas quedarán crujientes. Cuando tengamos todas las croquetas hechas, cogeremos un plato grande y las presentaremos, retirando el papel de cocina.

Flan de pera

PRECIO
2,05 €

Ingredientes para 4 personas

- 4 peras
- 150 g de azúcar
- 250 ml de leche
- 2 huevos
- 1 vaso de vino tinto
- 2 cucharadas de azúcar
- 1 ramita de canela

Elaboración

Para preparar el flan de pera, cogemos las cuatro peras y las pelamos. Dos de ellas las cortamos en trocitos y las metemos en un vaso con algo de vino tinto, dos cucharadas de azúcar y la rama de canela. Las dejamos así hasta que se reduzcan y tengamos una salsa. Las otras dos peras las partimos por la mitad y las cocemos con un poco de agua.

Para preparar el flan, batimos los huevos y la leche. Por otro lado, añadimos el azúcar a la flanera y caletamos en la vitro hasta que se haga caramelo y repartimos bien por todas las paredes de la flanera. Cortamos las peras que hemos cocido con agua en trocitos pequeños y las añadimos al caramelo. Luego, echamos la mezcla hecha con la leche y los huevos batidos.

Ponemos la mezcla al baño maría durante 45 minutos y la acompañamos con la reducción de pera al vino.

MILHOJAS DE PATATAS Y QUESO

PRECIO
3,05 €

INGREDIENTES PARA 4 PERSONAS

- 1 kg de patatas
- 200 g de queso rallado
- 100 ml de nata líquida
- 80 g de mantequilla

- 1 ramillete de hierbas aromáticas (tomillo, perejil, cebollino, estragón...)
- Sal y pimienta recién molida

ELABORACIÓN

Picamos bien las hierbas aromáticas y las mezclamos con el queso en un bol. Pelamos las patatas y las cortamos en rodajas finas.

Ahora cogemos un molde desmontable y lo untamos con mantequilla. Cubrimos el fondo con una hoja de papel para horno, que también untaremos con mantequilla. Encima, colocamos una capa con las láminas de patata, colocamos unos daditos de mantequilla y echamos sal y pimienta para darle gusto. Luego, espolvoreamos la mezcla de queso y hierbas aromáticas que hemos preparado en el bol y cubrimos con otra capa de láminas de patata. Repetimos estos pasos hasta que llenemos el molde. Siempre tenemos que terminar con una capa de patatas.

Antes de meterlo en el horno, vertemos la nata líquida, asegurándonos de que queda homogéneamente repartida, y tapamos con papel aluminio. Metemos nuestro milhojas en el horno a 180 grados durante una hora, aproximadamente. Diez minutos antes de terminar el horneado, abrimos el horno para retirar el papel aluminio y dejamos que siga la cocción. Al quitar el papel de aluminio conseguimos que se dore la superficie del milhojas.

Cuando esté listo, lo quitamos del molde y lo servimos.

Albóndigas en salsa

PRECIO 5,60 €

Ingredientes para 4 personas

Para las albóndigas:

- 500 g de carne de vaca picada (sirven otros tipos de carne)
- 1 huevo
- Medio vaso pequeño de leche
- 1 rebanada de pan de molde
- 1 ajo
- 1 vaso grande de pan rallado
- 1 vaso mediano de aceite
- 1 rama de perejil
- Sal

Para la salsa:

- 1 cebolla grande
- 1 cucharada pequeña de pimentón dulce
- 1 cucharada pequeña de harina
- 5 cucharadas grandes de vinagre
- Medio vaso mediano de agua
- Medio vaso pequeño de aceite
- 1 ajo
- Sal

Elaboración

Ponemos la carne picada en un recipiente grande. Pelamos el ajo y lo partimos en trozos muy pequeñitos, igual que el perejil. Añadimos los trocitos al recipiente donde hemos puesto la carne. Echamos una rebanada de pan de molde en leche y, cuando esté bien empapada, la añadimos al recipiente grande donde está la carne. Echamos un huevo entero al recipiente y algo de sal. Mezclamos todo muy bien para que quede una pasta consistente. Será la base de nuestras albóndigas.

Cogemos un plato hondo y lo llenamos de pan rallado. Con una cuchara cogemos un poco de la base de las albóndigas y le damos forma con las manos. Vamos formando pelotas que no sean muy grandes y las enterramos en el pan rallado.

Ponemos una sartén con aceite al fuego y esperamos a que esté bien caliente. Solo entonces echaremos las albóndigas a la sartén para freírlas. Cuando estén listas, las retiramos y las dejamos en un recipiente.

Ya tenemos las albóndigas listas, así que vamos con la salsa. Empezamos pelando la cebolla y cortándola en trozos pequeños. Ponemos una sartén con aceite a fuego lento. Cuando el aceite esté caliente, echamos la cebolla y la freímos hasta que quede dorada. Añadimos el pimentón y la harina. Pelamos un ajo y lo machacamos con el mortero. Luego, lo añadimos a la sartén. Removemos todo muy bien. Después, añadimos el vinagre, el agua y una pizca de sal y lo dejamos a fuego lento durante 5 minutos más.

El último paso será añadir las albóndigas a la salsa y dejarlo todo a fuego lento durante otros 10 minutos. También podemos añadir unas patatas cortadas a cuadraditos que habremos frito previamente. Incluso se puede echar unos guisantes de lata.

Arroz con leche

PRECIO
1,55 €

- 300 g de arroz
- 1 l de leche
- 4 cucharas grandes de azúcar
- Un trozo de cáscara de limón o naranja
- Una cuchara pequeña de canela molida

Elaboración

Echamos en un recipiente 700 ml de leche, las cuatro cucharadas grandes azúcar y la cáscara de limón y lo ponemos al fuego. Cuando empieza a hervir, añadimos el arroz y lo dejamos unos 20 minutos a fuego lento. No le quitamos el ojo de encima para evitar que se quede seco. Si vemos que está seco, añadimos un poco de agua.

Pasados los 20 minutos, comprobamos la dureza del arroz. Si no está blando, lo dejamos un rato más al fuego. Es mejor que el arroz esté algo blando a que quede algo duro.

Cuando el arroz esté en su punto, retiramos el recipiente del fuego y añadimos los 300 ml de leche fría que habíamos reservado. Si vemos que la mezcla ha quedado espesa, podemos añadir más leche para licuarla a nuestro gusto.

Por último, volcamos el arroz con leche en un recipiente (o en varios recipientes individuales) y esparcimos un poco de canela molida por encima. Para decorarlo, podemos colocar una cáscara de limón o de naranja o alguna fruta seca de las que tenemos por casa.

LENTEJAS ESTOFADAS

PRECIO
2,60 €

INGREDIENTES PARA 4 PERSONAS

- 500 g de lentejas
- 1 pimiento verde
- 1 tomate grande
- 1 cebolla mediana
- 1 patata grande
- 2 dientes de ajo
- 6 trozos pequeños de chorizo (opcional)
- 1 hoja de laurel
- 50 ml de aceite
- Sal

ELABORACIÓN

Antes de cocinar las lentejas tenemos que ver su tamaño. Si son grandes, conviene dejarlas en remojo la noche anterior. Las vertemos en un recipiente con agua hasta que queden completamente cubiertas. Si son pequeñas, no hará falta que demos este paso. Cogemos el pimiento, el tomate y la cebolla y los cortamos en trozos muy pequeños. Hacemos lo mismo con los ajos.

Vertemos algo de aceite en una sartén y la ponemos al fuego. Cuando esté ligeramente caliente, añadimos la cebolla picada y dejamos que se dore. Luego, añadimos el pimiento, los ajos y el tomate. Dejamos la mezcla a fuego lento durante unos 5 minutos. Mientras, pelamos la patata y la cortamos en trozos medianos. No la echamos todavía a la sartén.

Ponemos las lentejas en una olla y las cubrimos con agua. Yo añado la hoja de laurel y una cucharada pequeña de sal, pero podemos variar esta cantidad para amoldarla a nuestro gusto. Luego, colocamos la olla a fuego fuerte y, cuando empiece a hervir, lo bajamos de intensidad.

Cuando el agua de la olla esté hirviendo, volcamos en ella todos los ingredientes, incluidas las patatas que habíamos dejado apartadas. Da igual el orden que sigamos. Dejamos la olla a fuego lento hasta que las lentejas estén tiernas. Las probaremos de vez en cuando para ver su dureza y el punto de sal.

El tiempo de cocción depende de muchos factores, por ejemplo, la calidad de las lentejas. Pero en una olla normal estarán entre 30 y 60 minutos. Si tenemos una olla exprés, en 15 minutos estarán listas.

También podemos echarle chorizo, aunque no es obligatorio. Si no tienes o no te gusta comer carne, no pasa nada. Las lentejas están muy ricas sin él.

GALLO A LA PLANCHA CON VERDURAS

PRECIO
7,90 €

INGREDIENTES PARA 4 PERSONAS

- 4 gallos de ración
- 6 dientes de ajo
- 1 tomate
- 1 cebolla
- 1 calabacín

- 1 pimiento verde
- 1 pimiento rojo
- 1 berenjena
- Aceite de oliva
- Sal

ELABORACIÓN

Este plato es muy sano y sencillo de preparar, lo que nos llevará más tiempo será limpiar y trocear las verduras, que habremos de cortar en rodajas más bien finas para que no tarden mucho en cocinarse. Una vez las tengamos preparadas, las diponemos en la plancha, bien calentita, con unas gotitas de aceite y sal.

Al mismo tiempo, colocamos otra plancha con unas gotitas de aceite y los ajos pelados y laminados. Cuando se doren ligeramente, echamos sal a los gallos y los colocamos en la plancha.

En ambos casos, daremos la vuelta cuando veamos que se van dorando.

Para presentarlo, yo suelo colocar cada gallo en su correspondiente plato acompañado de unas cuantas láminas de ajo bien tostaditas y la verdura la dispongo toda en una misma fuente y echo unas gotitas de aceite de oliva crudo.

TARTA DE LA ABUELA

PRECIO 3,80 €

INGREDIENTES PARA 4 PERSONAS

- 200 g de pan (duro o tierno)
- 4 huevos
- 1 manzana
- 1 l de leche fresca
- 8 cucharadas de azúcar

- 6 cucharas grandes de mermelada de melocotón o albaricoque
- 8 cerezas confitadas (opcional)

ELABORACIÓN

Vamos a hacer una de las tartas que más gusta a mis nietos. Preparamos un recipiente con la leche y seis cucharas de azúcar, que ponemos al fuego. Mientras se calienta, partimos el pan en trozos pequeños y se lo añadimos a la leche caliente. Dejaremos cocer el pan, a fuego lento, durante 5 minutos. Luego, pasamos la leche y el pan por la batidora.

Batimos los cuatro huevos, los añadimos al pan y leche que tenemos en el recipiente de la batidora y lo mezclamos bien. Luego, lo vertemos en un molde para horno. Para que se pueda desmoldar bien, mojamos una servilleta en un pelín de aceite y untamos el interior del molde.

Pelamos y cortamos una manzana en forma de gajos. Las colocamos encima de la tarta para decorarla. Cubrimos la tarta con dos cucharadas de azúcar, que espolvoreamos por encima de la tarta y la repartimos bien por las manzanas.

Horneamos la tarta durante 35 minutos, a una temperatura de 150 grados.

Cuando esté lista, sacamos la tarta del horno y la dejamos enfriar encima de la encimera. Cuando se enfríe ganará en consistencia y podemos sacarla del molde sin peligro de que se rompa. La presentamos colocándola encima de un plato y untando mermelada por encima. A mí me gusta decorarla con unas cerezas.

SOPA CASTELLANA

PRECIO
4,35 €

INGREDIENTES PARA 4 PERSONAS

- 4 huevos
- 150 g de jamón serrano
- 100 g de chorizo fresco
- 100 g de tocino
- 4 rebanadas de pan de hogaza
- 2 dientes de ajo
- 2 cucharillas de pimentón
- Aceite virgen extra

Para el caldo:

- 2 muslos de pollo
- 2 carcasas de pollo
- 1 puerro
- 1 zanahoria
- 1,5 l de agua
- Sal
- Perejil

ELABORACIÓN

Ponemos al fuego una olla rápida con 1 litro y medio de agua, y añadimos las ramas de perejil, el puerro, la zanahoria, los muslos y las carcasas de pollo.

Sazonamos al gusto y, cuando veamos que empieza a salir el vapor, lo dejamos cocer durante 10 minutos.

Echamos un poco de aceite en una cazuela y la ponemos al fuego. Mientras se calienta el aceite, picamos los dientes de ajos y echamos a la cazuela hasta que se doren. Picamos el tocino en cuadraditos.

Quitamos la piel del chorizo y lo picamos en trocitos muy finos. Luego, lo añadimos a la cazuela con los ajos y lo freímos un poco. Agregamos el jamón que habíamos cortado y rehogamos un poco.

Retiramos la cazuela del fuego y dejamos que se enfríe un poco. Añadimos el pimentón y mezclamos. Al haber retirado la cazuela, evitaremos que el pimentón se queme y amargue el sabor de la sopa. Vertemos el caldo en la cazuela y cocinamos todo unos 8 minutos. Así conseguimos que se mezclen bien los sabores.

Por otro lado, cogemos el pan y cortamos 4 rebanadas. Las colocamos en una bandeja para el horno y las horneamos un par de minutos. El tiempo es aproximado. Lo que nos interesa es que no se quemen.

Cuando esté lista, la serviremos en platos o en cacitos, junto con una rebanada del pan que hemos horneado y un huevo frito o escaldado o una yema de huevo cocido.

Flan de macarrones y espinacas

PRECIO
4,10 €

Ingredientes para 4 personas

- 400 g de macarrones
- 1 kg de espinacas
- 1 kg de salsa de tomate
- 1 cebolla
- 50 g de margarina
- Aceite
- Sal

Elaboración

Ponemos al fuego una cazuela con agua, un poco de sal y una gotita de aceite. Cuando rompa a hervir, añadimos los macarrones y los dejamos hasta que estén en su punto. Luego, los vertemos sobre un escurridor y los ponemos debajo del agua fría. Dejamos que escurran bien antes de seguir trabajando con ellos.

Por otro lado, hervimos las espinacas en agua con un poquito de sal. Las tapamos para aprovechar mejor el calor. Cuando estén listas, las trinchamos y las freímos en un poco de aceite.

En una sartén, echamos un chorrito de aceite y la cebolla picada. Cuando comience a pocharse, añadimos la salsa de tomate y dejamos al fuego unos minutos para que se mezclen bien los sabores.

Volvemos a poner los macarrones en la cazuela y añadimos margarina. Mezclamos bien para que la margarina se funda con los macarrones.

Ahora, colocamos una capa de macarrones en un molde, encima colocamos una capa de espinacas y, sobre ella, una tercera capa con la salsa de tomate frito.

La cuarta capa la haremos con más macarrones y encima pondremos las espinacas. Por último, vertemos más salsa de tomate y cebolla hasta rellenar el molde (pero nos reservamos un poco para la presentación) y lo metemos en el horno durante 5 minutos. Cuando esté listo, lo desmoldamos y lo presentamos añadiendo el resto de la salsa de tomate.

Podemos adornarlo con huevo duro.

BUÑUELOS BARATOS

PRECIO
1,25 €

INGREDIENTES PARA 4 PERSONAS

- 200 g de harina
- 250 ml de leche
- 100 g de azúcar
- 1 huevo

- 1 limón
- 1 cucharadita rasa de levadura
- Sirope de chocolate
- Aceite

ELABORACIÓN

Cogemos una fuente honda y añadimos la harina. Añadimos la leche poco a poco, mientras removemos con una cuchara de madera para que la harina se diluya de forma consistente. No debe quedar ningún grumo.

Cuando esté lista, añadimos una cucharada de azúcar y la ralladura de medio limón. También echamos la levadura en polvo y la yema de un huevo. La clara del huevo la batimos hasta el punto de nieve. La reservamos hasta que vayamos a hacer los buñuelos.

Yo suelo preparar la masa de los buñuelos un par de horas antes de elaborar los buñuelos. De esta manera, dejo que repose y consigo que los buñuelos sean más esponjosos.

Ponemos una sartén al fuego con abundante aceite hasta que esté muy caliente. Añadimos, poco a poco, cucharadas de pasta. No echamos muchas para que no se junten y para evitar que descienda la temperatura del aceite. Les vamos dando la vuelta para que se doren por todos los lados y, cuando estén listos, los retiramos del aceite y los espolvoreamos con azúcar.

Servimos los buñuelos calientes, junto con la clara de huevo en su punto de nieve o con un poco de sirope de chocolate.

Macarrones con tomate y chorizo

PRECIO
1,95 €

Ingredientes para 4 personas

- 500 g de macarrones
- 1 kg de tomate natural pelado (puede ser de bote)
- 1 cebolla
- 100 g de chorizo
- 50 g de queso rallado
- 150 ml de aceite
- Sal
- Agua

Elaboración

En un recipiente grande ponemos agua y echamos un poco de sal. La ponemos al fuego y, cuando rompa a hervir, añadimos los macarrones. Para evitar que se peguen, los removemos de vez en cuando. También podemos echar una gota de aceite.

El tiempo de cocción suele ser de unos 15 minutos. Debemos fijarnos en las indicaciones del envase donde viene la pasta porque suelen indicar el tiempo ideal de cocción. Cuando los macarrones estén cocidos, los vertemos en un escurridor para que suelten toda el agua y los dejamos ahí.

Ponemos una sartén grande a fuego lento, vertemos algo de aceite y freímos el tomate. Debemos tener mucho cuidado al echar el tomate a la sartén porque, si está muy caliente, el tomate saltará y nos podemos quemar. Luego, tapamos la sartén para que no manche. Solo tenemos que destaparla de vez en cuando para remover su contenido. Si el tomate es entero, tenemos que machacar los grumos. Si el tomate es triturado, solo habrá que removerlo.

Cogemos la cebolla y la cortamos en trozos muy pequeños, el chorizo en tacos medianos.

Cogemos otra sartén y la ponemos al fuego con un poquito aceite. Cuando esté caliente, echamos la cebolla y esperamos hasta que se dore. Entonces, añadimos el chorizo. Lo dejamos al fuego el tiempo suficiente para que suelte la grasilla.

Por último, cogemos un recipiente para el horno y colocamos en él los macarrones hervidos que habíamos dejado escurriendo. Luego, añadimos el tomate, la cebolla, el chorizo y lo mezclamos todo muy bien. Antes de meterlo en el horno, espolvoreamos queso rallado por encima y lo dejaremos 10 minutos para que se gratine. Cuando los saquemos del horno estarán listos para servir.

CONTRAMUSLOS DE POLLO AL YOGURT

PRECIO
3,70 €

INGREDIENTES PARA 4 PERSONAS

- 8 contramuslos de pollo
- 1 yogurt natural
- 2 dientes de ajo
- 1/2 cebolla
- 1/2 vasito de agua
- Aceite
- Sal
- Pimienta

ELABORACIÓN

Pelamos los dos dientes de ajo y los cortamos en láminas muy finas. Pelamos media cebolla y la cortamos en láminas. Ponemos una sartén al fuego con un poco de aceite y añadimos el ajo y la cebolla cuando el aceite coja temperatura. Con una pala de madera, les damos vueltas hasta que se pochen.

Añadimos los contramuslos de pollo y dejamos que se doren un poco. Con la pala de madera, les damos la vuelta a los muslos para que cojan color por todas sus caras.

Ahora vamos a incorporar el yogurt. Daremos vueltas al yogurt para que quede cremoso y lo verteremos en la sartén. Llenamos de agua medio vasito del yogurt y lo añadimos a la sartén. Bajamos el fuego y dejamos nuestro guiso 15 minutos más. Por último, damos el toque de sal y pimienta.

Para servir, colocamos los contramuslos en una bandeja y con una cuchara echamos la salsa por encima.

Pastel de queso fresco

PRECIO 4,85 €

Ingredientes para 4 personas

- 500 g de queso ricota
- 5 huevos
- 150 g de azúcar
- 2 cucharadas de agua de azahar
- La ralladura de 1/2 limón

- 50 g de frutas confitadas
- 1 ramito de grosellas
- Mantequilla
- Harina
- 1 pizca de sal
- Menta fresca para adornar

Elaboración

Separamos las yemas de las claras de los huevos. Colocamos el queso en un recipiente hondo y añadimos el azúcar, las yemas, el agua de azahar y la ralladura de limón. Lo pasamos todo por la batidora hasta que obtengamos una crema fina y homogénea. Luego, añadimos la fruta confitada, que habremos picado previamente, y mezclamos bien.

Por otro lado, untamos de mantequilla el molde y espolvoreamos con un poquito de harina.

Montamos las claras hasta alcanzar un punto de nieve firme y añadimos una pizca de sal. Luego, las incorporamos poco a poco a la crema de queso, sin dejar de mezclar para que quede uniforme.

Vertemos esta mezcla en el molde y la alisamos con una espátula o con la cuchara. Lo metemos durante 45 minutos en el horno, que habremos precalentado a 180 grados. Antes de sacar el pastel del horno, lo pinchamos con una aguja de punto o con un tenedor para comprobar si está bien hecho. Cuando esté listo, lo sacamos del horno y lo dejamos enfriar al aire. Por último, lo sacamos del molde.

Para presentar, lo adornamos con grosellas y menta.

RISOTTO HORTELANO

PRECIO
6,30 €

INGREDIENTES PARA 4 PERSONAS

- 500 g de arroz
- 300 g de guisantes
- 300 g de espárragos verdes
- 300 g de judías verdes
- 300 g de habas

- 3 cebolletas
- 200 ml de vino blanco seco
- 1,5 l de caldo de verduras
- 2 cucharadas de aceite de oliva
- Sal y pimienta

ELABORACIÓN

Ponemos en una cazuela agua a hervir y añadimos los guisantes y un poco de sal. Dejamos que hiervan 5 minutos. Luego, los sacamos y los escurrimos. Por otro lado, quitamos la parte dura del tallo de los espárragos y cortamos las puntas en trocitos. Las cocemos durante 5 minutos. Cuando estén listas, las ponemos debajo de un chorro de agua fría y las escurrimos. A las judías les quitamos las hebras y las cortamos muy finas. Las escaldamos en agua hirviendo durante 3 minutos. Luego, las colocamos debajo del chorro de agua fría y las escurrimos bien. Echamos las habas en agua hirviendo durante 2 minutos. Cuando estén en su punto, las sacamos, las colocamos debajo del agua fría y las escurrimos bien. Finalmente las pelamos. Ponemos una cazuela al fuego, echamos dos cucharadas de aceite y lo ponemos a calentar. Cuando el aceite esté listo, echamos las cebolletas, que habremos picado previamente, y las rehogamos. Luego, echamos el arroz y también lo rehogamos. Añadimos el vino blanco y dejamos que se cueza hasta que se evapore todo el alcohol. Añadimos un cucharón de caldo y continuamos cociendo, sin olvidarnos de dar vueltas de vez en cuando. Según vaya absorbiendo el caldo el arroz, iremos poniendo más. Cuando casi esté a punto, añadimos las verduras, la sal y la pimienta.

Panga al vapor con guarnición crujiente

PRECIO 2,80 €

INGREDIENTES PARA 4 PERSONAS

- 400 g de filetes de panga
- 1/2 pimiento verde italiano
- 1/2 pimiento rojo lamuyo
- 2 chalotas
- 10 ml aceite de oliva virgen extra
- 1 vaso de agua
- Sal y pimienta blanca

ELABORACIÓN

Empezamos pelando la chalota y picándola muy fina. Luego, cortamos los pimientos en taquitos pequeños y los ponemos en un bol. Añadimos los trocitos de chalota, aceite y sal.

Cortamos los filetes de panga en dos trozos. Los ponemos en un cestilla para cocinar al vapor y los sazonamos ligeramente.

Ponemos una cazuela al fuego donde habremos vertido un vaso de agua. Añadimos los filetes de panga y los cocinamos durante ocho minutos aproximadamente, hasta que alcancen su punto.

Sacamos los filetes y los servimos cada uno en su plato. Añadimos un poco de pimienta blanca molida y los presentamos acompañados de la guarnición de verduras. Si queremos dar un toque de frescor, añadiremos un poco de albahaca fresca.

Uvas en tartaleta

PRECIO 5,45 €

Ingredientes para 4 personas

- 300 g de masa quebrada
- 300 g de uvas blancas
- 300 g de uvas negras
- 75 g de nueces peladas y trituradas
- 2 huevos enteros
- 2 yemas
- 150 ml de nata líquida
- 1 cucharada de fécula espesante
- 100 g de nueces
- 100 g de mantequilla
- 150 g de azúcar
- 100 ml de agua
- 1 puñadito de harina

Elaboración

Espolvoreamos una superficie con harina y colocamos la masa encima. Con un rodillo estiramos bien la masa sobre la superficie. Luego, forramos un molde redondo, de unos 25 cm de diámetro, con la masa. Con un tenedor pinchamos la masa y la cubrimos con papel de aluminio. Lo guardamos en el congelador durante media hora. Mientras, preparamos el horno a 220 grados. Transcurrida media hora, sacamos el molde del congelador y lo metemos 10 minutos en el horno. Ponemos unos pesitos encima para evitar que la masa suba. Luego, sacamos el molde del horno, quitamos los pesitos y el papel aluminio y horneamos 20 minutos a 190 grados. Mientras tenemos la masa del horno, mezclamos la fécula y las nueces trituradas. Añadimos 75 g de azúcar a la mantequilla y la batimos hasta que blanquee. Luego, echamos poco a poco los huevos, las yemas, la nata y la mezcla de las nueces y la fécula. Tenemos que remover para que la mezcla sea homogénea. La cocemos al baño maría, con un fuego muy suave. Cuando la crema esté espesa, la retiramos del fuego y la dejamos enfriar. Pelamos las uvas y les quitamos las pepitas.

Vertemos la crema que acabamos de preparar en la tartaleta que hemos estado horneando. Luego distribuimos unas cuantas uvas por encima y las acompañamos con las nueces enteras. Por último, ponemos a calentar 100 ml de agua con 75 g de azúcar. Utilizamos este jugo para regar la tartaleta.

ALUBIAS PINTAS CON CHORIZO

PRECIO
4,30 €

INGREDIENTES PARA 4 PERSONAS

- 300 g de alubias pintas
- 2 chorizos de guisar
- 6 tomates secos
- 3 dientes de ajo

- 2 clavos de olor
- 2 hojas de laurel
- Agua
- Sal y pimienta negra

ELABORACIÓN

La noche anterior a cocinar este plato, ponemos las alubias pintas en un recipiente con agua y las dejamos en remojo.

Para cocinarlas, utilizamos una olla rápida. Echamos todas las alubias dentro de la olla y añadimos abundante agua, hasta que haya por lo menos dos dedos por encima de las alubias. Pelamos los dientes de ajo y los chorizos. Estos últimos los cortamos por la mitad. Añadimos todo a la olla. Cortamos unos tomates en tiras y también lo añadimos al guiso. Por último, añadimos los clavos de olor, la pimienta machacada, el laurel y una pizca de sal.

Tapamos la olla y la ponemos al fuego. La dejaremos 25 minutos a partir de que suba el pitorrito de la válvula. El tiempo de cocción depende de muchos factores, por ejemplo de la olla o del tipo de agua.

Transcurrido este tiempo, apagamos, dejamos que la olla suelte todo el vapor y la abrimos. Probamos el punto de sal de las judías. Si nos hemos quedado cortos, añadimos una pizca más. Conviene recordar que siempre es mejor que la comida esté un poco sosa a excesivamente salada.

Servimos el plato caliente.

CARRILLADA IBÉRICA EN SALSA

PRECIO
5,35 €

INGREDIENTES PARA 4 PERSONAS

- 8 carrilladas
- 1 diente de ajo
- 1 cebolla
- 1 vaso de vino blanco oloroso
- Tomillo

- Romero
- Aceite de oliva
- Sal
- Pimienta
- Agua

ELABORACIÓN

Ponemos una cazuela al fuego, con un poquito de aceite. Picamos el ajo y la cebolla, los echamos en la cazuela. Cuando estén dorados, añadimos el vino y lo dejamos al fuego hasta que se evapore el alcohol.

Añadimos las carrilladas a la cazuela (enteras o partidas por la mitad, como prefiramos o en función del tamaño). Echamos un poquito de sal y pimienta, lo cubrimos todo con agua. Lo dejamos cocer hasta que veamos que las carrilladas están blandas. Las probamos y, si fuese necesario, añadimos otro poco de sal y pimienta a nuestro gusto. Si en algún momento se quedan escasas de caldo, les añadimos vino.

Les echamos también un poco de tomillo y de romero. Las dejamos al fuego. No pasa nada por dejarlas un poco más de la cuenta, porque así quedarán más tiernas.

Si los trozos de carrillada son muy grandes, habrá que cortarlos para cocinarlos. Yo suelo utilizar un trozo y medio por persona cuando son grandes, dos trozos cuando son pequeños.

Para servirlo, o bien cortamos unos daditos de patatas y las freímos; las colocamos en el fondo del plato y, encima, servimos las carrilladas. O bien las acompañamos de un pisto de verduras.

Panacota de plátano

PRECIO
2,80 €

Ingredientes para 4 personas

- 300 ml de nata líquida
- 300 ml de leche
- 2 plátanos
- 6 hojas de gelatina
- 100 g de azúcar
- Agua

Elaboración

Añadimos a un recipiente un poquito de agua y colocamos dentro las hojas de gelatina. Las dejaremos ahí 4 minutos. Pelamos los plátanos y los trituramos.

Aparte, en un cazo, echamos la nata, la leche y azúcar y lo ponemos al fuego hasta que rompa a hervir. Entonces, lo retiramos del fuego y lo dejamos enfriar un par de minutos. Mientras enfría, debemos remover la mezcla de vez en cuando. Transcurrido este tiempo añadiremos la gelatina y los plátanos.

Ahora es importante mezclarlo todo bien. Utilizaremos una cuchara de madera y lo mezclaremos bien hasta que todo quede homogéneo.

Por último, volcamos la mezcla en un molde y lo dejamos enfriar un rato sobre la encimera de la cocina. Luego, lo meteremos en el frigorífico tres o cuatro horas.

Cuando vayamos a servir este postre, lo sacamos del molde y volcamos en un plato grande. Ya está listo para servir. Podemos presentarlo cortando unas tiras de plátano a modo de adorno.

CREMA DE CALABACÍN

PRECIO
4,20 €

INGREDIENTES PARA 4 PERSONAS

- 1,5 kg de calabacines
- 1 patata grande
- 5 porciones de quesitos o 125 g de queso fresco con sal
- Virutas de jamón

- 600 ml de leche
- 1,5 l de agua
- 2 cucharas grandes de mantequilla o margarina
- 4 cucharadas pequeñas de sal

ELABORACIÓN

Pelamos los calabacines y la patata, los partimos en trozos pequeños. Ponemos una cacerola al fuego, con litro y medio de agua y esperamos a que rompa a hervir. Entonces, añadimos el calabacín y la patata y cuatro cucharadas de sal. Lo dejamos durante otros 20 minutos, a fuego lento.

Después, colocamos la patata y el calabacín en un escurridor para que suelte toda el agua y los echamos en un recipiente grande. Añadimos leche y los quesitos (o el queso fresco) y pasamos todo por la batidora hasta que quede un puré suave y sin grumos.

Vertemos la mezcla en una cacerola y, cuando esté caliente, añadimos mantequilla, o margarina, hasta que se deshaga. Hay que removerlo constantemente con una pala de madera para evitar que se pegue al fondo.

Como toque final, añadir unas virutas de jamón.

Es un plato que se puede tomar caliente o templado, depende de los gustos de la familia.

PATATAS CON BACALAO

PRECIO
2,80 €

INGREDIENTES PARA 4 PERSONAS

- 1/2 cabeza de bacalao fresco
- 800 g de patatas
- 1 cebolla blanca grande
- 1 pimiento verde mediano
- 2 cucharaditas de carne de pimientos choriceros

- 4 dientes de ajo
- 1 copita vino blanco
- Aceite de oliva
- Sal
- Perejil fresco
- 2 vasos de agua

ELABORACIÓN

Cortamos el pimiento verde en trocitos, pelamos la cebolla y los ajos, también los cortamos en trozos. Pasamos estos ingredientes por la picadora.

Ponemos una cazuela al fuego con un poco de aceite de oliva. Cuando el aceite coge temperatura, añadimos los ingredientes que acabamos de picar y los sofreímos.

Pelamos las patatas y las cortamos en trozos. Yo suelo aplicar un truco: empezar a cortar con el cuchillo y tirar para arrancar el trozo de la patata. Así consigo que suelte el almidón y que la salsa quede más espesa. Finalmente, añadimos los trocitos de patata al sofrito.

Echamos en la cazuela dos vasos de agua caliente, el vino, el perejil, el bacalao y la carne de pimiento choricero. Por último, echamos un pelín de sal. Dejamos la cazuela al fuego durante 40 minutos. El fuego no debe estar fuerte. Justo antes de apagar el fuego, añadimos perejil fresco, que habremos picado previamente.

Volcamos en una fuente y llevamos a la mesa para servir caliente.

BERENJENAS CON QUESO

PRECIO
3,15 €

INGREDIENTES PARA 4 PERSONAS

- 2 berenjenas grandes
- 4 lonchas de queso tipo tranchetes
- 1 vaso pequeño de pan rallado
- 1 huevo
- 1 taza mediana de aceite, girasol o maíz
- Sal

ELABORACIÓN

Partimos las berenjenas en lonchas muy finas. Les echamos un poco de sal y las preparamos para hacer el sándwich. Colocamos una loncha de berenjena en la base del sándwich. Encima colocamos un tranchete de queso y, sobre él, una segunda loncha de berenjena.

En un plato hondo batimos un huevo e impregnamos nuestro sándwich de berenjena. En otro plato colocamos pan rallado. Cogemos el sándwich del plato que contiene el huevo y lo colocamos en el plato que contiene el pan. Tenemos que embadurnarlo en pan.

Ponemos una sartén al fuego con aceite. Cuando esté muy caliente, metemos nuestros sándwiches de berenjena y esperamos a que se doren. Con una pala de madera les damos la vuelta para que se doren por igual en ambas caras. Cuando esté listo, los retiramos del aceite y los colocamos en un plato con papel de cocina. El papel absorberá el aceite sobrante.

Las servimos bien calientes.

ROSQUILLAS DE MI ABUELA

PRECIO
3,10 €

INGREDIENTES PARA 4 PERSONAS

- 2 huevos
- 700 g de harina
- 1 sobre de levadura
- 1 tacita de azúcar

- 1 tacita (de las de café) de anís
- 1 tacita de aceite de oliva
- Aceite que uses para freír

ELABORACIÓN

En un recipiente, mezclamos la harina con la levadura y lo apartamos para utilizarlo más tarde. En otro recipiente, vertemos los huevos y echamos el azúcar sobre ellos. Los batimos hasta que consigamos una crema blanquecina. Añadimos el aceite y el anís y batimos muy bien. Luego, iremos añadiendo, poco a poco, la mezcla de harina y levadura. Es importante no dejar de remover en ningún momento. Según vayamos removiendo se irá espesando la masa. Al principio, tendremos que removerla con las varillas y más tarde tendremos que utilizar las manos.

Espolvoreamos harina sobre una superficie plana y colocamos la masa sobre ella. Tenemos que amasarla muy bien con las manos, igual que si estuviésemos preparando la masa del pan. Con el puño cerrado empujamos la masa para sacar todo el aire. Cuando la masa esté lista, la colocamos en una cazuela o sobre un bol y la cubrimos con un paño. La dejamos reposar durante media hora para que suba.

Transcurrido este tiempo, ponemos una sartén con abundante aceite al fuego. Cogemos porciones de la masa y les damos forma de rosquilla. La rosquilla cruda tiene que ser muy fina porque ya cogerá el volumen cuando esté en el aceite. Las freímos hasta que las veamos coger color y tamaño. Según las saquemos, las colocaremos sobre una bandeja, donde previamente habremos colocado papel absorbente de cocina. Utilizamos el papel para que absorba el aceite sobrante.

Las podemos espolvorear con un poquito azúcar mientras las dejamos enfriar. Yo las guardo en una lata y mis nietos tienen rosquillas listas para comer durante un mes.

Diez menús

distintos y baratos

REVUELTO GRAMAJO, DE PATATAS Y JAMÓN

PRECIO
2,20 €

INGREDIENTES PARA 4 PERSONAS

- 500 g de patatas para freír
- 100 g de jamón cocido
- 4 huevos
- 1 cebolla blanca

- Dos puñados de guisantes descongelados (opcional)
- Sal
- Pimienta

ELABORACIÓN

Dicen que este plato proviene de un general argentino, llamado Gramajo, que pedía al cocinero que se lo preparase como plato único. Veamos cómo se prepara. Pelamos las patatas y las cortamos en tiras finitas. Muy finitas. Las volcamos en un escurridor y las pasamos por el grifo y las dejamos que sequen. Antes de pasar a otra cosa, les echamos sal por encima. Ponemos una sartén al fuego con abundante aceite. Cuando esté muy caliente, echamos las patatas y las removemos para que se doren todas por igual. Cuando estén listas, las dejamos sobre un plato hondo, que habremos cubierto con papel de cocina. Este papel absorberá el exceso de aceite.

Pelamos una cebolla y la cortamos en juliana fina. Ponemos una sartén al fuego con un poquito de aceite y salteamos la cebolla. Removemos con una pala de madera hasta que esté tierna. Mientras, cortamos el jamón cocido en taquitos y los añadimos a la sartén. Sin dejar de remover, añadimos los huevos. Es importante no dejar de remover para que el huevo cuaje por igual. Aprovechamos para añadir sal y pimienta al gusto. Inmediatamente después, añadimos las patatas y los guisantes, removemos hasta que quede todo cocinado de forma uniforme.

Lo servimos en una fuente y ¡a la mesa!

Conejo a la brasa con alioli

PRECIO
5,70 €

Ingredientes para 4 personas

- 1 conejo no muy grande y troceado
- Aceite de oliva
- Sal
- Pimienta

Para el alioli:

- 250 ml aceite de oliva virgen extra
- Una pizca de sal
- 6 dientes de ajo
- 1 mortero
- 1 mazo de madera

Elaboración

Vamos a empezar preparando el alioli. Pelamos los ajos y los echamos al mortero, con una pizca de sal. Los machacamos bien hasta que quede una especie de pasta. Luego, los volcamos en un recipiente y añadimos aceite poco a poco, sin dejar de remover. Así conseguiremos que la pasta que se va formando quede homogénea. Cuando terminemos, rectificaremos el punto de sal, si fuese necesario.

Para preparar el conejo, tenemos que empezar por limpiarlo bien, quitarle toda la grasa y las partes que gusten menos a la familia. Luego, lo lavamos bien, lo cortamos en trocitos y añadimos sal y pimienta al gusto.

Cuando esté listo, lo colocamos sobre las brasas. Lo regaremos de vez en cuando con un poquito de aceite para hidratarlo y le daremos la vuelta cada tanto para que se brasee igual por las dos partes. Cuando la carne esté a nuestro gusto, lo retiramos de las brasas y lo servimos con salsa alioli.

Aborrajado de plátano maduro

PRECIO 3,50 €

Ingredientes para 4 personas

- 4 plátanos bien maduros
- 500 g de queso fresco o mozzarella
- 1/4 de taza de leche
- 1 huevo
- 4 cucharadas de harina de trigo
- Sal y aceite

Elaboración

Ponemos una sartén al fuego con un poco de aceite. La vamos a dejar hasta que el aceite coja mucha temperatura. Mientras tanto, pelamos los plátanos, los cortamos por la mitad y los freímos. Cuando estén listos, los sacamos, los escurrimos y los colocamos encima de la tabla de madera que utilizamos para cortar. Cogemos una servilleta de papel y aplastamos los plátanos. No queremos espachurrarlos, solo aplastarlos.

Ahora cogemos una mitad aplastada de plátano, le ponemos una rodajita de queso encima y colocamos una segunda mitad de plátano encima de todo.

Por otro lado, mezclamos en un bol la harina, el huevo y la leche hasta que tenga un aspecto homogéneo. Añadimos una pizca de sal y seguimos removiendo.

Ponemos una sartén al fuego con aceite hasta que esté bien caliente. Entonces, cogemos los sándwiches de plátano y queso y los empapamos en la mezcla del bol. Luego, los echamos a la sartén con cuidado. Lo freímos durante 2 o 3 minutos, que se dore el aborrajado, lo retiramos y lo servimos. Ésta es una receta que debemos comerla caliente, así disfrutaremos más del sabor del queso derretido y del contraste con el plátano dulce y frito.

PANZANELLA

PRECIO
1,20 €

INGREDIENTES PARA 4 PERSONAS

- 8 rebanadas de pan duro
- 4 tomates maduros y finos
- 1 cebolla
- Un puñado de albahaca picada
- 1 manojo de perejil
- 3 cucharadas de aceite de oliva
- Vinagre de vino blanco
- Sal
- Pimienta

ELABORACIÓN

Ponemos el pan duro en agua fría durante 5 minutos. Luego, lo sacamos y lo dejamos en una cazuela de barro.

Pelamos una cebolla y la cortamos en capas. Lavamos y picamos muy bien el perejil y desmenuzamos la albahaca. Lavamos también los tomates y los pelamos. Les quitamos las semillas y los dejamos escurrir para que suelten el líquido que tienen dentro.

Volcamos todas las verduras sobre el pan que pusimos en la cazuela de barro y añadimos una pizca de sal y pimienta. Añadimos un chorrito de vinagre y el aceite.

Ya tenemos la *panzanella* lista, pero aún debemos dejarla reposar unas horas en un lugar fresco antes de servirla.

Pollo con setas y cebolla caramelizada a lo parmesano

PRECIO
8,70 €

Ingredientes para 4 personas

- 4 filetes de pechuga de pollo
- 400 g de setas
- Queso parmesano
- 2 cebollas grandes

- Perejil
- Zumo de limón
- Sal
- Pimienta

Elaboración

Ponemos una sartén al fuego con un poco de aceite. Cuando esté caliente, echamos las cebollas en rodajas muy finas y tapamos para aprovechar el calor. Las cocinamos durante 30 minutos, removiendo cada 4 o 5 minutos para que la cebolla no se pegue; la cebolla quedará doradita y caramelizada. Seguidamente, la metemos en el horno a 120 grados para que no pierda temperatura.

Mientras, lavamos y picamos las setas y el perejil. Las echamos en la misma sartén donde hicimos la cebolla (que no habremos lavado). Añadimos el perejil, el zumo de limón, sal y pimienta, y removemos bien hasta que las setas se terminen de hacer. Lo volcamos en otro recipiente y lo metemos en el horno.

Vamos a hacer los filetes de pollo. Añadimos una pizca de aceite a la misma sartén que hemos utilizado para cocinar las verduras, y la ponemos al fuego. Colocamos las pechugas en la sartén y las doramos.

Cuando estén listas, las colocamos en una fuente para horno. Encima, ponemos las láminas de queso parmesano, después la cebolla caramelizada y terminamos con la capa final de setas. Subimos la temperatura del horno a 150 grados y dejamos la fuente 15 minutos, para que termine de hacerse el plato. Servimos este plato acompañado de una ensalada.

Lo interesante de esta receta es que podemos cambiar el pollo por pavo.

TARTA DE MIEL, LIMÓN Y JENGIBRE

PRECIO
2,05 €

INGREDIENTES PARA 4 PERSONAS

- 2 huevos batidos
- 175 g de harina de trigo entero
- 175 g de mantequilla
- 75 g de miel
- La ralladura de la corteza de un limón
- 3,75 ml de jengibre

- 40 g de jengibre confitado
- Unas rodajas de limón

Para la cobertura:

- 15 ml de miel
- El zumo de un limón

ELABORACIÓN

Ponemos un cazo a fuego lento. Dentro, colocamos la mantequilla y la miel. Cuando se derrita la primera, añadimos la ralladura de limón. Lo removemos bien y, cuando la mezcla sea homogénea, lo quitamos del fuego y dejamos que se enfríe. Entonces añadimos, poco a poco, el resto de ingredientes y lo removemos todo muy bien.

Ahora, untamos un molde con un poquito de aceite o mantequilla. Así evitarnos que se pegue la tarta cuando la saquemos del molde. Luego, vertemos en el molde la mezcla que hemos preparado, ponemos encima las rodajas de limón y lo metemos en el horno, que habremos precalentado a 180 grados. Lo dejamos cociendo media hora. Después, sacamos la tarta del molde y la colocamos en un plato grande.

Antes de que se enfríe, calentamos miel y zumo de limón en un cazo hasta que forme un jarabe. Echaremos este jarabe por encima de la tarta mientras aún esté caliente. Así lo absorberá mejor.

A mis nietos les encanta esta tarta acompañada de un poco de nata montada.

QUESADILLAS

PRECIO
3,80 €

INGREDIENTES PARA 4 PERSONAS

- 8 tortillas de harina de trigo
- 200 g de queso cheddar
- 1 cebolla
- 1/2 ración de frijoles refritos
- 1 ramito de cilantro
- 1 ración de sofrito de tomate picante
- Aceite

ELABORACIÓN

Empezamos por preparar ingredientes. La cebolla y el cilantro los picamos muy finitos y el queso lo rallamos.

Por una parte, calentamos los frijoles y, por otra, preparamos una sartén con un poquito de aceite, donde calentamos las tortillas para que se ablanden.

Vamos a montar los rollos uno a uno y todos de igual manera. Sacamos una tortilla de la sartén y extendemos una capa de frijoles, otra capa de queso rallado, ponemos un poco de cebolla y cilantro, echamos una cucharada de salsa y enrollamos la tortilla. Repetimos este paso tantas veces como tortillas tengamos.

Para terminar, ponemos una sartén antiadherente al fuego y la rociamos con unas gotitas de agua (muy poca agua). Metemos los rollitos, tapamos la sartén y calentamos a fuego medio hasta se funda el queso.

Para saborearlos bien, debemos servir los rollitos inmediatamente.

Pescado norteño peruano

PRECIO
7,95 €

Ingredientes para 4 personas

- 1 kg de pescado en filete
- Cebolla corte pluma o juliana
- Tomate en rodajas
- 25 limones en zumo
- Sal y pimienta
- Cilantro
- Cayena

Elaboración

Este plato es muy fácil de preparar. Empezamos lavando bien los filetes de pescado, añadimos un poco de sal y pimienta y lo cortamos en cuadrados medianos. Pelamos la cebolla y la cortamos en juliana.

Exprimimos los limones y añadimos el zumo al pescado que hemos troceado anteriormente, así como la cebolla. Picamos un poco de cayena, la mezclamos con el cilantro y lo añadimos también.

Ahora lo removemos todo con paciencia y cuidado hasta que destile jugo. Añadimos sal al gusto y lo adornamos con rodajas de tomate.

CREMA VOLTEADA

PRECIO
2,85 €

INGREDIENTES PARA 4 PERSONAS

- 1 lata de leche condensada (200 g)
- 1 lata de leche evaporada (150 g)
- 3 huevos
- 1/2 cucharadita de vainilla
- 1/2 cucharadita de ralladura de limón
- 1 pizca de sal
- 1/2 taza de azúcar

ELABORACIÓN

Ponemos un molde al fuego con el azúcar. Cuando veamos que el caramelo está hecho, lo sacamos del fuego y lo dejamos enfriar al aire.

En un recipiente, echamos los huevos y los batimos; añadimos la leche evaporada y la leche condensada y batimos bien para hacer una mezcla homogénea. Añadimos la ralladura de limón, la vainilla y lo salamos ligeramente antes de vaciar el contenido en el molde.

Ponemos el horno a 180 grados y horneamos nuestro postre poniendo el molde al baño maría durante una hora.

Cuando esté hecho, sacamos el molde del horno, volcamos en una fuente y dejamos enfriar. Se puede presentar con unas hojas de menta.

ARROZ CHAUFA

PRECIO
2,65 €

INGREDIENTES PARA 4 PERSONAS

- 500 g de arroz
- 200 g de carne de cerdo
- 2 dientes de ajos picados
- 1 taza de maizena
- 4 huevos
- 1/2 taza de cebolleta picada
- 1 pimiento rojo
- Salsa de soja
- Aceite
- Sal

ELABORACIÓN

Colocamos una cazuela al fuego con agua. Cuando rompa a hervir el agua, añadimos el arroz. Otras veces hemos añadido una pizca de sal. Ahora no. Lo herviremos sin sal. Cuando el arroz esté hervido, lo reservamos.

Vamos ahora con la carne de cerdo. La cortamos en tiras finas, la condimentamos con el ajo bien picadito, la salamos al gusto y rebozamos cada tira en la maizena. Ponemos una sartén al fuego con un poco de aceite y freímos la carne hasta que quede dorada. Cuando esté dorada, sacamos los trozos de carne y los dejamos en un plato, sobre papel de cocina, para que absorba el exceso de aceite y quede crujiente.

Echamos los huevos en un recipiente, los batimos y los volcamos en la sartén para cuajarlos. Les damos vueltas y los rompemos una y otra vez. No queremos que salga una tortilla, sino que queden trozos de huevo muy pequeñitos.

Lavamos el pimiento rojo y lo picamos, hacemos lo mismo con la cebolleta. Añadimos una pizca de aceite a una sartén y saltemos estas verduras. Luego, añadimos la salsa de soja y removemos bien. A continuación, echamos el cerdo, el arroz y el huevo revuelto. Cocemos la mezcla 3 minutos removiendo de vez en cuando y lo servimos de inmediato.

Pastel azteca

PRECIO
9,80 €

Ingredientes para 4 personas

- 2 pechugas de pollo
- 16 tortillas de maíz
- 6 chiles asados y desvenados
- 4 tomates maduros
- 2 cebollas
- Ajo

- 500 ml de crema agria
- 250 g de queso manchego rallado
- Aceite
- Sal

Elaboración

Ponemos una sartén al fuego con una gotita de aceite. Cuando esté caliente, vamos echando las tortitas para que se doren por los dos lados.

Ponemos un cazo al fuego con agua y un poco de sal (un par de pellizcos). Añadimos las pechugas de pollo y una cebolla picada en rodajas. Cuando estén listas, las desmenuzamos y las apartamos.

Vamos ahora con los chiles. Los asaremos para que resulte más sencillo quitarles la piel y desvenarlos, es decir, los abrimos de arriba abajo con un cuchillo y les quitamos las venas y las semillas para que no piquen.

Los tomates tenemos que molerlos con el ajo y un poco de agua y reservamos el resultado.

En una sartén con aceite suficiente freímos una cebolla en rodajas y los chiles en tiras. Terminada la fritura le agregamos los tomates molidos y añadimos los chiles, la cebolla y el pollo. Lo cocinamos durante 10 minutos a fuego medio y lo salamos al gusto.

En una bandeja adecuada para el horno disponemos una capa de tortillas, otra encima del guiso, después la crema agria y terminamos espolvoreando el queso rallado. Lo cubrimos todo con papel de aluminio y lo horneamos durante 20 minutos, aproximadamente, a no menos de 120 grados.

Súper licuado de chocolate

PRECIO
1,45 €

Ingredientes para 4 personas

- Azúcar
- Leche
- Chocolate
- Hielos

Elaboración

En esta receta, no he puesto la cantidad de los ingredientes porque dependen del gusto de cada persona. Mis nietos son muy golosos y les gusta con más azúcar que a mi yerno.

Introducimos hielo en una batidora americana y, una vez triturado, añadimos el chocolate y la leche. Si somos muy golosos, añadimos azúcar al gusto. Agitamos la mezcla todo lo que nos parezca oportuno y a disfrutarlo.

LASAÑA DE BRÓCOLI

PRECIO
6,90 €

INGREDIENTES PARA 4 PERSONAS

- Masa básica para lasaña
- 1 brócoli
- 1 cebollino
- 200 g de ricota
- 1 taza de nata
- 50 g de queso rallado parmesano

- 100 g de queso de barra ancha
- 50 g de jamón cocido o york
- Salsa bechamel
- Aceite
- Sal
- Pimienta y ajo picado

ELABORACIÓN DEL RELLENO

Lavamos el brócoli y lo cortamos en pedazos. Colocamos una cacerola con agua al fuego y calentamos. Echamos el brócoli y lo cocemos. Cuando esté listo, lo escurrimos, lo picamos fino y lo apartamos.

Ponemos una sartén al fuego con un poco de aceite y añadimos ajo picado y el cebollino, que habremos picado previamente. Damos vueltas y añadimos un poco de nata o crema de leche, la ricota, el queso parmesano rallado y el brócoli.

Cocinamos unos minutos mientras damos vueltas para que el brócoli coja sabor. Por último, añadimos la sal y la pimienta y apartamos hasta que preparemos la lasaña.

Armado de la lasaña

Manchamos una servilleta de papel con un poco de aceite y untamos una bandeja para horno. Colocamos una primera tapa de lasaña, la cubrimos con una loncha de jamón y otra de queso y lo tapamos todo con otra tapa de lasaña. Encima, echamos el relleno de brócoli. Terminamos de armar esta primera parte del plato con otra tapa de lasaña y repetimos la operación hasta completar dos pisos de relleno.

Finalizamos cubriendo el resultado con salsa bechamel (véase la página 95 para la elaboración de la bechamel) que vamos a espolvorear con abundante queso rallado parmesano. Calentamos el horno a 220 grados y metemos la bandeja. La dejaremos hasta que se dore el queso. Entonces, lo sacamos y servimos caliente.

Pato a la naranja

PRECIO
5,60 €

Ingredientes para 4 personas

- 1 magret de pato
- 2 naranjas
- 50 g de mantequilla
- 1/2 pastilla de caldo de ave
- 1/2 vaso de agua
- Aceite
- Vinagre de Jerez
- Sal
- Pimienta

Elaboración

Vamos a empezar por preparar el magret de pato. Colocamos una sartén al fuego con un poquito de aceite. Pasamos el magret (ya salpimentado) de pato al punto o al gusto y lo retiramos. Lo reservamos para más tarde.

Pelamos una naranja y la cortamos en lonchas. Nos aseguramos de limpiarla bien para que su sabor sea más puro. Ponemos una sartén al fuego con 25 g de mantequilla y, cuando se derrita, añadimos las lonchas de naranja.

Para preparar la salsa, volcamos el agua, con la pastilla de caldo, en otro recipiente. Exprimimos la otra naranja y añadimos su zumo al recipiente. Damos vueltas para que se mezclen bien las texturas y los sabores y añadimos el vinagre de Jerez, sin dejar de remover. Seguimos calentando y añadimos 25 g de mantequilla.

Recuperamos el magret de pato, lo troceamos en una fuente, le añadimos los trozos de naranja y lo rociamos con la última salsa que cocinamos. Solo nos queda servirlo y degustarlo.

BOMBAS DE CREMA

INGREDIENTES PARA 4 PERSONAS

Para las bombas:

- 125 g de harina
- 4 huevos
- 500 ml de agua
- 60 g de manteca o margarina
- Azúcar glasé
- Una pizca de sal

Para la crema con chocolate:

- 350 g de crema de leche o nata
- 1 cucharada de glasé
- 3 cuadraditos de chocolate

Para crema de dulce de leche:

- 350 g de crema de leche o nata
- 1/2 taza de dulce de leche

Para crema de frutilla o frambuesa:

- 350 g de crema de leche o nata
- 2 cucharadas de azúcar
- 1/2 taza de puré de frutillas
  o frambuesa

Para la crema moka:

- 350 g de crema de leche o nata
- 2 cucharadas de azúcar
- 1 cucharadita de café
- 1 cucharadita de whisky o coñac

Elaboración

Éste es un postre muy rico y especial. Ponemos a hervir la manteca con el agua y una pizca de sal. Cuando la manteca esté derretida añadimos la harina de golpe y revolvemos con energía hasta obtener una masa que se despegue del recipiente.

Ahora, retiramos la masa del fuego e incorporamos los huevos de uno en uno y los mezclamos rápido hasta que queden unificados con la masa. Cogemos una fuente para horno y la espolvoreamos con harina. Formamos montoncitos, no muy grandes, con la masa y la metemos durante media hora en el horno caliente (250 grados) hasta que se doren. Es importante que cuando las saquemos del horno cortemos una tapa para que elimine el vapor y no bajen. Las dejamos enfriar.

Para hacer las cremas, echamos todos los ingredientes en un recipiente y mezclamos bien. Así obtendremos los distintos sabores. Cuando la crema esté lista, la metemos en una manga pastelera y rellenamos las bombas. Debemos servir de inmediato, para evitar que se ablanden.

Antes de servir, espolvoreamos las bombas con azúcar glasé, coco rallado o chocolate rallado.

Canelones de ricota y verdura

PRECIO
7,40 €

Ingredientes para 4 personas

- Panqueques para canelones (tortita plana dulce)
- 2 huevos
- 1 manojo de acelgas
- 1 bolsa de espinacas
- 500 g de ricota
- 100 g de queso rallado
- 1 cebolla
- 2 dientes de ajo
- Aceite
- Sal
- Pimienta
- Salsa de tomate
- Salsa bechamel

Elaboración

Empezamos lavando la verdura con agua abundante. Separamos las hojas de los troncos y las echamos en una cazuela donde habremos puesto a hervir en agua con sal. Cuando estén listas, las escurrimos y las picamos bien.

Pelamos y picamos la cebolla y los ajos. Ponemos una sartén al fuego con un poco de aceite y rehogamos la cebolla y los ajos.

Echamos los huevos en un recipiente grande y los batimos. Añadimos 50 g de queso rallado y mezclamos bien. Luego, incorporamos la ricota, la cebolla y la verdura que habíamos picado. Por último, añadiremos sal y pimienta y removeremos bien para mezclar todos los ingredientes.

Cogemos una fuente para horno y la untamos con salsa de tomate. Encima colocamos los panqueques (tortitas planas y dulces) que habremos ido rellenando a modo de canelones con nuestra mezcla, y los espolvoreamos con queso rallado.

No nos queda más que cubrir con mucha salsa de tomate y bechamel los canelones, espolvoreándolos finalmente con queso rallado.

En el horno, a temperatura moderada, gratinamos los canelones hasta que comiencen a hacer burbujas y el queso rallado se dore.

Los sacamos del horno y los presentamos en una fuente.

Coca de cebolla

PRECIO
3,70 €

Ingredientes para 4 personas

Para la masa de la coca:

- 1 vaso de cerveza
- 1 vaso de aceite
- 1 cucharadita de levadura
- Sal
- Harina (unos 300 g)

Para el relleno de la coca:

- 3 o 4 cebollas
- 2 latas de atún
- Piñones
- Aceite de oliva

Elaboración

La masa de la coca la preparamos mezclando la cerveza, el aceite y un poco de sal. A este resultado le vamos incorporando la levadura y la harina, poco a poco y sin dejar de remover, hasta que ya no admita más. Amasamos bien esta mezcla y la dejamos reposar.

Ahora, pelamos las cebollas, las cortamos en trocitos pequeños y la freímos en una sartén con un poco de aceite, evitando que se queme. Una vez hecha, la retiramos del fuego.

Regresamos a la masa de la coca que hemos preparado al principio. Espolvoreamos una superficie con harina y colocamos encima la masa de la coca. Con un rodillo de cocina la aplastamos y estiramos.

Colocamos papel de aluminio en una bandeja del horno y colocamos una capa de pasta de coca. Encima, vamos colocando la cebolla frita, los piñones y el atún, sin el aceite que habremos escurrido previamente.

Calentamos el horno a 230 grados y metemos la bandeja con la coca. La dejamos en el horno media hora. Luego, la sacamos y servimos porciones en platos individuales.

Chandrios de Caparroso

PRECIO
1,05 €

Ingredientes para 4 personas

- 500 g de harina
- 6 huevos
- 1 vasito de anís
- 1 cucharadita de levadura
- Canela
- Azúcar

Elaboración

Necesitamos hacer una masa delgada. Para ello vamos a batir los 6 huevos con unas varillas. Agregamos el anís, el azúcar y canela sin dejar de batir. En un recipiente aparte, mezclamos la harina y la levadura, la echamos poco a poco a los huevos batidos, pero sin dejar de remover en ningún momento. Cuando la masa esté lista, la vamos cortando en tiras.

Mientras, ponemos una sartén al fuego, con un poco de aceite. Cuando esté caliente, freímos las tiras de masa. Dejamos que se doren por los dos lados y las retiramos. Las dejaremos sobre un plato con papel de cocina, para que absorba el exceso de aceite. Finalmente, los colocamos en una fuente y los servimos.

PORRUSALDA A LA VASCA

PRECIO 5,15 €

INGREDIENTES PARA 4 PERSONAS

- 6 puerros
- 4 patatas grandes
- 2 dientes de ajo
- 2 lonchas de panceta
- 1 cucharada de harina
- 1 cucharón de aceite de oliva
- Sal
- Pimienta

ELABORACIÓN

Pelamos y cortamos las patatas. Lavamos los puerros y los cortamos en lonchas finas. La panceta también la cortaremos en tiras finas.

Ponemos una cazuela al fuego con aceite y doramos los ajos (pelados y enteros) y las tiras de panceta. Cuando cojan color, añadiremos el puerro y lo dejaremos 5 minutos hasta que se poche. Incorporaremos las patatas y seguiremos rehogando 10 minutos más. Añadimos la harina, poco a poco, removiendo constantemente para que no se queme. Probamos el punto de sal y pimienta y lo ajustamos si fuese necesario.

Añadimos mucha agua, hasta que quede todo el guiso cubierto, y lo cocemos durante media hora, hasta que esté todo desecho.

Servimos en platos hondos.

Boloñesa de liebre con pasta

PRECIO
3,80 €

Ingredientes para 4 personas

- 300 g de carne de liebre picada a cuchillo
- 300 g de pasta fresca (tallarines) cocida con agua
- 1 cebolla picada
- Queso parmesano rallado
- 1 taza de salsa de tomate casera
- 1 chorreón generoso de vino tinto
- Aceite de oliva
- Sal

Elaboración

Pelamos la cebolla y la cortamos en trocitos muy pequeños. Ponemos una sartén al fuego con un poco de aceite y echamos la cebolla. Le damos unas vueltas con una pala de madera hasta que se dore. Añadimos la carne y salteamos unos minutos. Añadimos el vino y dejamos a fuego lento para que se evapore el alcohol. Añadimos entonces la salsa de tomate. Dejamos el guiso al fuego otros 20 minutos.

Ponemos una cacerola al fuego con agua y sal. Añadimos una gotita de aceite para que no se pegue la pasta. Cuando rompa a hervir, añadimos la pasta y la cocemos el tiempo que indique su envoltorio. Cuando esté lista, la volcamos en un escurridor, la damos un baño rápido de agua fría y la dejamos escurrir.

Colocamos los tallarines en una fuente grande y colocamos el guiso por encima. Espolvoreamos queso rallado y servimos.

Trufas de chocolate amargo

PRECIO
4,25 €

Ingredientes para 4 personas

Para la masa:

- 1 taza de crema de leche
- 600 g de chocolate 55 por 100 puro
- 40 g de mantequilla sin sal
- 1/2 cucharita de esencia de vainilla

Para el baño de chocolate:

- 190 g de chocolate amargo en polvo
- 20 g de chocolate amargo con 70 por 100 de cacao en fideos

Elaboración

En primer lugar, hervimos la crema de leche. Cuando retiremos del fuego la crema de leche hervida, añadimos los 600 gramos de chocolate. Batimos esta mezcla con energía mientras está al fuego para que se derrita el chocolate y quede una mezcla homogénea.

Añadiremos la mantequilla a la mezcla. Lo haremos cuando aún está caliente. Mezclaremos bien para unificar el sabor.

A mis nietos les gusta mucho la fruta, así que a veces troceo bien fresas o naranja, por ejemplo, y las añado a la mezcla. Por último, pongo la vainilla.

Vertemos la mezcla en pequeños moldes de papel, para preparar las raciones unitarias. Las metemos en el frigorífico para que se endurezcan. Antes de servir las rebozamos en el polvo de chocolate amargo o en los fideos de chocolate (o en ambos). Recuerda servirlas bien frías.

POTAJE DE ALUBIAS ROJAS DE TOLOSA

PRECIO
2,95 €

INGREDIENTES PARA 4 PERSONAS

- 500 g de alubias rojas de Tolosa
- 150 g de chorizo
- 150 g de morcilla de cebolla
- 100 g de tocino
- 1 cebolla
- 1 cabeza de ajos
- 1 ñora
- 1 cucharón de aceite de oliva
- Sal

ELABORACIÓN

En esta receta todo empieza en remojo. En primer lugar, las alubias durante 12 horas. La ñora la dejaremos una hora. Una vez blanda, le quitaremos la pulpa con un cuchillo. Pelamos ahora la cebolla y la cortamos muy fina. Echamos las alubias en una olla y añadimos el doble de cantidad de agua fría y la ponemos al fuego hasta que empiece a hervir. Ahora vaciamos el agua caliente de la olla y la volvemos a llenar con agua fría. La ponemos a fuego lento y añadimos la cabeza de ajos y el tocino. La cantidad de agua siempre tiene que ser el doble que la cantidad de alubias. Es posible que durante la cocción salga espuma. No debemos preocuparnos ni dejarlo pasar, sencillamente la retiramos con una espátula. Cuando las alubias lleven 1 hora de cocción les añadimos el chorizo y la morcilla. Puede ocurrir que el tocino se deshaga demasiado. En ese caso, lo apartamos y ya lo añadimos más adelante. Ponemos al fuego una sartén con aceite de oliva y añadimos la cebolla que teníamos picada. La movemos hasta que se ponga transparente. Entonces, añadimos la pulpa de la ñora y las freímos hasta que se doren juntas. Las reservamos hasta que a las alubias les falte un cuarto de hora para terminar la cocción. Entonces, incorporamos el sofrito al potaje y rectificamos de sal. En el caso que hubiéramos apartado el tocino, volveremos a ponerlo al mismo tiempo del sofrito.

Carne guisada boricua

Ingredientes para 4 personas

- 1 kg de carne de res sin grasa ni pellejos picada en trocitos
- 250 g de patatas peladas y cortadas en trocitos medianos
- 1 zanahoria pelada y en trocitos medianos
- 1 lata de guisantes
- 1 frasco pequeño de pimientos morrones
- Sal
- Pimienta

Para el sofrito:

- 1 lata de salsa de tomate
- 2 cucharadas de aceite
- 2 cucharadas de vinagre de vino
- 1 pimiento verde picado
- 5 dientes de ajo picado
- 2 cebollas medianas picadas
- 1 manojo de cilantro picado
- 2 hojas de laurel
- 1 cucharadita de orégano

Elaboración

Ponemos una olla al fuego con aceite y sofreímos la carne (ya salpimentada) hasta que esté medio dorada. Retiramos la carne y, en el mismo aceite, sofreímos el pimiento, la cebolla, el ajo y el cilantro durante 10 minutos. Ahora agregamos el laurel, el orégano, el vinagre y la salsa de tomate, dejamos que hierva otros 5 minutos más. Removemos con una pala de madera para que se hagan todos los ingredientes por igual.

Reunimos la carne con el resto de ingredientes en la misma olla y cocinamos todo a fuego bajo, con la olla tapada, durante una hora o hasta que la carne este blanda. Rectificamos la sal al gusto y añadimos los guisantes, las patatas y la zanahoria y seguimos cocinando otros 45 minutos aproximadamente, hasta que la salsa se espese a nuestro gusto. Finalmente, adornamos el guiso con pimientos morrones y servimos con arroz blanco y tostones.

Almojábanas

PRECIO
1,85 €

Ingredientes para 4 personas

- 500 g de harina
- 9 huevos pequeños
- 50 g de azúcar
- 500 ml de agua

- 250 ml de aceite de oliva

Para el almíbar:

- 1 taza de agua
- 1 taza de azúcar

Elaboración

Ponemos un cazo al fuego con el agua, el azúcar y el aceite. Cuando hierva, añadimos la harina. La echamos poco a poco y removemos bien con la pala de madera, para que no se formen grumos. Cuando la pasta sea consistente, bajamos la temperatura del cazo para que se despegue de las paredes. Retiramos del fuego y dejamos que pierda temperatura al aire.

Rompemos los huevos y los batimos, de uno en uno. Luego, los añadimos a la masa y mezclamos bien. El secreto de esta receta está en este paso. Hay que mezclar bien el huevo con la masa antes de añadir nada más.

Ponemos el horno a calentar a 170 grados y untamos con un poco de aceite una fuente para horno. Con una cuchara sopera, cogemos una porción de masa y la colocamos sobre la fuente. Con el dedo mojado en aceite, presionamos en el centro para hacer un agujero y dejarla como si fuese una rosquilla. Repetimos este paso hasta agotar la masa o quedarnos sin sitio en la fuente. Metemos la fuente en el horno y subimos la temperatura a 190 grados.

Mientras se hacen, colocamos una cazuela con un poco de agua y azúcar (o miel) al fuego. Calentamos hasta que el azúcar se disuelva en el agua y se convierta en almíbar.

Cuando la masa esté lista, la sacamos del horno y la empapamos en el almíbar. Las colocamos en una fuente y servimos.

OLLA MURCIANA GITANA

PRECIO
3,50 €

INGREDIENTES PARA 4 PERSONAS

- 250 g de garbanzos
- 500 g de patatas
- 250 g de judías verdes
- 250 g de calabaza
- 100 g de berenjena
- 4 peras
- 1 tomate
- 1 cebolla pequeña

- 1 cucharadita de pimentón dulce
- Unas ramitas de hierbabuena (si no hubiese fresca, en polvo)
- Unas hebras de azafrán
- 3 l de agua
- Aceite de oliva
- Sal

ELABORACIÓN

Ponemos una cazuela al fuego con tres litros de agua. Añadimos los garbanzos (recuerda que hay que dejarlos en remojo la víspera) y las judías verdes y la dejamos hervir. A los 45 minutos, añadimos las peras, las patatas, la calabaza, la berenjena (todas peladas y cortadas en cubitos) y dejamos que cueza.

Mientras cuece la cazuela, ponemos una sartén al fuego con un poco de aceite y añadimos cebolla picada hasta que se dore. Añadimos el tomate y el pimentón, rehogamos durante 2 minutos. Cuando esté listo, añadimos este sofrito a la cazuela.

En un mortero, picamos azafrán con unas ramitas de hierbabuena y lo añadimos al guiso. Rectificamos el punto de sal al gusto y dejamos hervir hasta que todo esté tierno. Antes de servir el guiso, debemos dejarlo reposar.

Ala de raya salteada con salsa de azafrán y verduritas

PRECIO
6,85 €

Ingredientes para 4 personas

- 4 alas de raya de unos 200 g sin cartílago
- Verduras del tiempo (patata, brócoli, zanahoria, tomate, calabacín, etc.)
- Aceite de oliva
- Sal
- Pimienta molida reciente

Para la salsa:

- Unas hebras de azafrán
- 500 ml de caldo corto de pescado
- 150 g de nata líquida
- Sal y pimienta

Elaboración

En primer lugar, haremos la salsa de azafrán: cocemos el fumet (o caldo) de pescado con el azafrán, hasta que se reduzca a la mitad.

Ahora, añadimos la nata y dejamos que se reduzca hasta que nos queden, más o menos, unas 3 cucharadas de salsa por plato. Entonces, probaremos el punto de sal y pimienta y rectificaremos si fuese necesario.

Lavamos el ala de la raya con agua, la secamos bien y reservamos. Ponemos una olla al fuego con agua para hervir las verduras y las rehogamos con un poco de aceite de oliva.

Finalmente, en una sartén antiadherente, freímos el ala de raya hasta que quede doradita.

Ya está lista la receta: colocamos el ala de raya en el plato, decoramos con las verduras y aliñamos todo con la salsa de azafrán.

Pionono (salado y dulce)

PRECIO
1,40 €

Ingredientes para 4 personas

- 6 huevos
- 90 g de azúcar
- 90 g de harina
- Esencia de vainilla

Elaboración

Para hacer este dulce, tenemos que batir los huevos con el azúcar hasta que adquieran un aspecto parecido al punto de nieve (alcanzará el doble de su volumen). Ahora añadiremos la harina. Es importante que la añadamos toda a la vez, de golpe. La debemos mezclar de forma envolvente hasta que obtengamos una masa homogénea.

Cubrimos una fuente para horno con papel de horno (papel manteca) y volcamos nuestra mezcla. Calentamos el horno a 240 grados y metemos la masa hasta que se dore. Cuando esté lista, la sacamos del horno y añadimos unas gotas de esencia de vainilla.

Si queremos un pionono salado, lo podemos rellenar de jamón y queso. Untamos el pionono con salsa rosa y cubrimos la superficie con jamón york, queso picado muy pequeño y palmitos. Lo enrollamos con cuidado y lo cubrimos con salsa rosa y huevo duro.

Si queremos un pionono dulce, podemos rellenarlo de dulce de leche. Untamos el pionono con abundante dulce de leche de repostería y luego lo enrollamos. Cubrimos la superficie con chocolate y nueces picadas. Presentamos con un poco de nada montada.

ALCACHOFAS RIOJANAS

PRECIO
4,55 €

INGREDIENTES PARA 4 PERSONAS

- 16 alcachofas de La Rioja
- 150 g de jamón serrano
- 6 ajos
- 1 limón
- 1 cucharón de aceite de oliva
- 1 cucharada de harina
- Sal

ELABORACIÓN

Limpiar las alcachofas quitándole las hojas duras y cortando los dos extremos. Ponemos una cazuela al fuego con agua y una pizca de sal y el zumo de un limón exprimido, echamos las alcachofas enteras. Las dejamos que hiervan, guardaremos el caldo de cocción.

Cortamos el jamón en taquitos y pelamos los ajos, cortándolos en láminas.

Ponemos una sartén al fuego con algo de aceite y echamos los ajos en láminas hasta que se doren. Entonces, añadimos los taquitos de jamón y la harina. Tenemos que remover hasta que la harina se dore un poco.

Después, incorporamos el vaso del caldo que ha quedado al hervir las alcachofas y removemos hasta que ligue la salsa. Luego, echamos las alcachofas y mezclamos bien mientras dejamos que cueza otros 15 minutos. Servimos el plato caliente.

Codornices escabechadas

PRECIO
5,95 €

Ingredientes para 4 personas

- 4 codornices limpias
- 1 cebolla
- 2 ajos
- 2 zanahorias en escabeche
- Tomillo
- 3 hojas de laurel
- 1 vaso de vino blanco
- Aceite de oliva
- 1 vaso de vinagre de vino

Elaboración

Ponemos un poco de aceite en una cazuela y, cuando coja temperatura, añadimos las codornices. Removemos el contenido de la cazuela para que las codornices se frían por todas sus caras y, en ese mismo aceite, rehogamos la cebolla, el laurel, los ajos y el tomillo. Cuando todo esté frito regamos con vino y vinagre, añadimos las dos zanahorias en escabeche.

Dejamos reposar durante dos días y servimos bien frías.

PANETELA DE MANZANA Y MIEL

PRECIO
4,10 €

INGREDIENTES PARA 4 PERSONAS

Para la panetela:

- 800 g de manzana Granny Smith
- 4 rebanadas de pan de molde sin corteza (5 cm largo/2 cm alto)
- 50 g de azúcar

Para el helado:

- 300 g de queso fresco
- 150 g de leche
- 150 g de nata
- 50 g de azúcar
- 1/2 rama de vainilla
- 5 g de pimienta negra molida

Para las bolitas de manzana:

- 160 g de manzana Granny Smith
- 50 g de miel
- 50 g de mantequilla

ELABORACIÓN

Vamos a empezar con la panetela. Pelamos las manzanas, las trituramos y hervimos junto con 50 g de azúcar. El caldo resultante lo pasamos por la estameña, que es un trozo de tela que se emplea para colar las salsas y conseguir así una textura más fina. Este jugo lo ponemos en una bandeja honda para horno. Colocamos las rebanadas de pan en la bandeja y calentamos el horno a 150 grados. Metemos la bandeja y la dejamos en el horno 40 minutos, hasta que veamos que no queda jugo en la bandeja. Ya tenemos la panetela lista. Para hacer el helado, echamos la leche, la nata, la vainilla y el azúcar en una cazuela, que ponemos al fuego. Hervimos la mezcla y removemos para homogeneizarla. Colocamos en un recipiente grande el queso fresco y la pimienta molida. Machacamos el queso y añadimos, poco a poco, la mezcla de la cazuela. Removemos bien para que quede una pasta uniforme, sin grumos. Lo colamos y lo montamos en la sorbetera.

Vamos ahora con las bolas de manzana. Pelamos las manzanas y, con la ayuda de un sacabolas pequeño, extraemos la carne de la manzana. Ponemos una sartén al fuego con un poco de mantequilla, hasta que se derrita. Cuando la mantequilla esté líquida, añadimos las bolas de manzana. Las rehogamos un poco, pero con cuidado de que no cojan color. Mientras, preparamos una cacerola con agua y miel y la ponemos a calentar. Cuando las bolas estén listas, las sacaremos de la sartén y las echaremos en la cazuela. Las herviremos 25 minutos. En este tiempo, perderán el color y cogerán el sabor de la miel.

Colocamos la panetela en el centro de un plato grande que se pueda meter en el horno, añadimos azúcar por su superficie y lo gratinamos. Luego, presentamos las bolitas de manzana y servimos con una bola de helado.